RENÉ
GIRARD

É Realizações
Editora

Copyright © 2004 by
Michael Kirwan SJ
Copyright da edição
brasileira © 2015
É Realizações Editora
Publicado originalmente
em 2004 por Darton,
Longman and Todd Ltd.
Título original:
Discovering Girard

Produção editorial e capa
É Realizações Editora

Coordenador da
Biblioteca René Girard
João Cezar de Castro
Rocha

Design Gráfico
Alexandre Wollner
Alexandra Viude
Janeiro/Fevereiro 2011

Preparação de texto
Márcia Duarte
Companhone

Revisão
Cecilia Madarás

É Realizações Editora,
Livraria e Distribuidora Ltda.
Rua França Pinto, 498 -
04016-002 - São Paulo, SP
Caixa Postal: 45321 -
04010-970 - Telefax:
(5511) 5572 5363
e@erealizacoes.com.br
www.erealizacoes.com.br

Proibida toda e qualquer
reprodução desta edição
por qualquer meio ou
forma, seja ela eletrônica
ou mecânica, fotocópia,
gravação ou qualquer
outro meio de reprodução,
sem permissão expressa
do editor.

Este livro foi impresso pela
Yangraf Gráfica e Editora,
em abril de 2015. Os tipos
são da família Rotis Serif
Std e Rotis Semi Sans Std.
O papel do miolo é pólen
bold 90g, e o da capa,
cartão supremo 250g.

CIP-Brasil. Catalogação-na-Publicação
Sindicato Nacional dos Editores de Livros, RJ

K65d

Kirwan, Michael, 1959-
   Teoria mimética : conceitos fundamentais / Michael Kirwan ; coordenação João Cezar de Castro Rocha ; tradução Ana Lúcia Correia da Costa. - 1. ed. - São Paulo : É Realizações, 2015.
   264 p. : il. ; 22 cm. (Biblioteca René Girard)

   Tradução de: Discovering girard
   Inclui bibliografia e índice
   ISBN 978-85-8033-038-0

   1. Girard, René, 1923-. 2. Filosofia. I. Rocha, João Cezar de Castro. II. Título. III. Série.

15-20392   CDD: 100
                                         CDU: 1

25/02/2015   26/02/2015

RENÉ GIRARD
teoria mimética
conceitos fundamentais

Michael Kirwan

tradução Ana Lúcia Correia da Costa

É Realizações
Editora

Esta edição teve o apoio da Fundação Imitatio.

INTEGRATING THE HUMAN SCIENCES

Imitatio foi concebida como uma força para levar adiante os resultados das interpretações mais pertinentes de René Girard sobre o comportamento humano e a cultura.

Eis nossos objetivos:

Promover a investigação e a fecundidade da Teoria Mimética nas ciências sociais e nas áreas críticas do comportamento humano.

Dar apoio técnico à educação e ao desenvolvimento das gerações futuras de estudiosos da Teoria Mimética.

Promover a divulgação, a tradução e a publicação de trabalhos fundamentais que dialoguem com a Teoria Mimética.

Para o meu pai

sumário

11
apresentação
Paul Gifford

19
prefácio
Stéphane Vinolo

27
introdução

47
capítulo 1
o desejo é mimético

87
capítulo 2
o mecanismo do bode expiatório

127
capítulo 3
Dioniso *versus* "O Crucificado"

165
capítulo 4
método e objeções

209
capítulo 5
o futuro da teoria mimética

233
apêndice

241
breve explicação

243
cronologia de René Girard

247
bibliografia de René Girard

251
bibliografia selecionada sobre René Girard

259
índice analítico

261
índice onomástico

apresentação
Paul Gifford[1]

"Eu creio que seria preciso abordar o livro como a um *thriller*", escreve René Girard, citado por Michael Kirwan. "Todos os elementos são dados no início, mas é preciso levar a leitura até o fim para que o sentido apareça plenamente."[2]

René Girard e Michael Kirwan, ao citá-lo, estão pensando particularmente em um *thriller* da esfera da ficção policial ou de espiões, em que as "emoções" são aquelas da descoberta intelectual. Cada país, cada língua, tem seu próprio ícone particular que ilustra o *gênero*. Mas independentemente da nossa cultura de origem, todos nós entendemos seus requisitos característicos.

Devemos ter um investigador-chefe que vai atrás das pistas presentes desde o começo, mas negligenciadas por todos. Precisamos fazer um esforço extraordinário de rigor dedutivo, decifrando minuciosamente as consequências

---

[1] Universidade de St. Andrews, Escócia.
[2] René Girard, *Aquele por Quem o Escândalo Vem*. Trad. Carlos Nougué. São Paulo, É Realizações, 2011, p. 102.

dos fatos sobre o problema, enigma ou mistério sob investigação e a importância dos padrões nos quais os fatos logicamente se encaixam. Precisamos de estalos intuitivos de alguma genialidade para ver a forma da trama ou da explicação emergentes, para identificar seus pontos cruciais e levar a investigação para suas fases posteriores. E precisamos de uma resolução final brilhante, na qual se revela todo um panorama da existência humana, integrada, transparente, intensamente viva com significado humano perspicaz e viável.

René Girard é um antropólogo e teórico da cultura – mas também um homem de ideias abrangentes e um moderno pensador das religiões – com sérias razões para encarnar todas essas virtudes. Ele revela todo um panorama da existência humana, da maneira que se desenrolou na história e no espaço cultural, usando recursos de muitas disciplinas de investigação para fazer progredir a sua e a nossa compreensão.

E fez isso num momento em que as maiores correntes de teoria crítica que emanavam da sua França nativa tendiam à "desconstrução" de sistemas recebidos da compreensão humana, vistos como meras "representações" que exteriorizavam o trabalho da própria mente humana, mas que perderam também, nessa redução, a sua própria percepção do mundo externo e da imagem do homem. Nesse sentido, Girard escreve contra a corrente da época. Ele é, no sentido nietzschiano, "prematuramente" um reconstrutor de significado e um teórico crítico francês "alternativo".

Quanto ao entusiasmo que a descoberta de suas ideias inspira, e que Michael Kirwan ressalta tão corretamente, acrescentarei o meu próprio testemunho. Descobri Girard através de sua obra mais acessível, *Coisas Ocultas desde a Fundação do Mundo*, pouco tempo depois do surgimento da versão original em francês em 1978, durante minhas férias na costa francesa do Mediterrâneo, perto da cidade natal de Girard, Avignon. Estava acampando com minha família, e choveu bastante em todos os dez dias das minhas férias. Contudo, esses dias de chuva foram dias de iluminação, que passaram como um *flash*, com o mar e o sol totalmente esquecidos: eu virava as páginas febrilmente, esquecendo a chuva batendo no teto da minha barraca de lona – mas também, o caos criado pelas crianças da família fazendo bagunça ao meu redor, a distração da minha esposa, no espaço minúsculo da nossa Arca de Noé improvisada! Esse foi o meu fascínio inegável relativo à acuidade e abrangência das percepções de Girard das coisas ocultas das origens humanas, do início da cultura, do significado evolutivo da mitologia e religião e do relato da "diferença" judaico-cristã...

Minha carreira profissional, entrelaçando estudos literários, antropologia e teologia, tomou um rumo desde então decididamente girardiano. Incluiu um período como professor convidado em Stanford, trabalhando com Girard; um período como pesquisador convidado na Fundação girardiana "Imitatio" e várias conferências organizadas nas universidades de Cambridge e Stanford sobre a forma como as percepções girardianas nos ajudam a desenvolver a teoria da evolução de Darwin.[3]

---

[3] Ver Pierpaolo Antonello e Paul Gifford (orgs.), *How We Became Human. Evolution at the Threshold of Hominisation* e *Can We Survive our Origins? Readings in Rene Girard's Theory of Violence and the Sacred* (Continuum).

(Ao ser recebido como membro da Academia Francesa em 2005, o filósofo Michel Serres descreveu Girard como "o Darwin das ciências humanas"; ele se referia particularmente ao poder do pensador francês de integrar padrões de significado provenientes de muitos campos da investigação científica, como Darwin fez, para produzir a sua importantíssima teoria da evolução, pedra angular de todas as ciências da vida que hoje conhecemos.)

A obra de Girard, embora seja amplamente admirada, ainda é (assim como a de Darwin foi durante mais de um século) objeto de muita controvérsia. Dificilmente poderia deixar de ser assim quando trata de questões tão fundamentais e delicadas como o lugar da violência e do sagrado nas relações humanas, e quando suas implicações na cultura e na sociedade contemporâneas são tão delicadas e colossais – do holocausto de Hitler dos judeus europeus à reciprocidade oculta entre os homens-bomba e os combatentes na "guerra ao terror de hoje" – ou a relação entre a teoria da evolução e a religião. E isso é ainda mais verdade visto que Girard sempre "irrita alguém", filosoficamente falando, ao aderir a uma linha sistematicamente dissidente, nesses temas.

Ele é sempre crítico, por exemplo, em relação às leituras do pós-iluminismo – Voltaire, Rousseau, Hegel, Nietzsche, Freud, Heidegger, Lévi-Strauss –, que dominam ainda hoje o *establishment* intelectual e acadêmico da Europa e da América do Norte. Mas ele nunca foi desencorajado por objeções. Sem dúvida, ele as vê como prova de grande pertinência. Quando há protestos e contestações, significa que sua teoria tocou um ponto nevrálgico – tudo joga a seu favor e prova que sua obra *tem importância*.

E ele fica à vontade tanto com leitores acadêmicos quanto mais populares.

O livro de 2004 de Michael Kirwan, traduzido aqui sob o excelente título *Teoria Mimética: Conceitos Fundamentais*, foi um dos primeiros em qualquer idioma a apreender toda a sua aventura intelectual, e a apresentá-lo a um público mais abrangente. Oferece um panorama lúcido e um manual de fácil utilização. Girard reagiu ao surgimento do livro com a astúcia e a verdadeira humildade que o caracterizam: "Realmente maravilhoso: uma iniciação à teoria mimética, escrita de maneira elegante. Tenho sorte de ter intérpretes que compreendem o que quero dizer e que podem escrever tão bem".

O livro segue seu investigador intelectual ao decifrar alguns dos enigmas mais profundos da condição humana. Sua introdução apresenta Girard, o homem, e sua carreira; identifica os temas fundamentais da sua obra; e esboça as fases do seu desenvolvimento. Os leitores que descobrirem Girard pela primeira vez saberão o que devem ler; em que ordem de acessibilidade e dentro de que horizontes e orientações de pensamento.

Em seguida, uma série de cinco capítulos, cada um contendo um resumo útil e "rápido", nos conduz através dos principais estágios e territórios da teoria girardiana.

O capítulo 1 examina a base que a teoria encontra na noção de *mímesis*, ou seja, a incrível, mas negligenciada, capacidade humana de imitar, reproduzir ou copiar qualquer estímulo, padrão ou reação. Trata-se de algo fundamentalmente humano, que Girard descobre através de padrões que ele explora na literatura europeia de porte. A mímesis, como acabará descobrindo, cria reciprocidade entre os seres humanos, funda relações e sociedades humanas; permite toda a comunicação e aprendizagem social, levando assim à emergência do que chamamos de "cultura" e "civilização". De forma mais arriscada, impulsiona ainda mais o desejo humano, particularmente os seus aspectos competitivos, introduzindo dessa maneira em todas as áreas da vida humana um princípio de rivalidade, conflito e violência...

O capítulo 2 acompanha a mudança de Girard para a antropologia e o pensamento evolutivo, ressaltando a noção do "mecanismo do bode expiatório" (ou "vitimização expiatória"). A sociedade descarrega a sua violência interna acumulada numa vítima, o bode expiatório (ou a desvia externamente para a guerra). Isso permite a emergência de uma ordem social regulada, visto que o ato de vitimização ou de sacrifício restabelece a paz e sacraliza proibições e leis, rituais e instituições, que parecem nos proteger de um retorno ao caos e à desordem. A experiência de transcendência e numinosidade que isso traz funda a religião arcaica (ou "natural"). "A violência é o coração e a alma do sagrado."

O capítulo 3 estuda a mitologia, ou seja, histórias de origem e identidade, marcadas pela característica secreta de que aludem – como em alguma lembrança onírica, mas que nunca entendem ou confessam – às violentas origens do grupo descrito. Isso antecede um relato da "diferença" judaico-cristã. Girard apresenta as Escrituras Hebraicas e os Evangelhos a oferecer uma crítica e uma condenação ao bode expiatório e à religião sacrificial, não sua aprovação; uma crítica para que o verdadeiro Deus seja conhecido. Esse é o drama da Paixão de Cristo, que opera uma "conversão" da humanidade religiosa e da própria religião. Kirwan constata que a teologia de Girard é joanina; e um antídoto tanto para o individualismo romântico quanto para um ateísmo nietzschiano da morte de Deus.

O capítulo 4 analisa algumas das questões metodológicas levantadas pelo pensamento de Girard e considera algumas objeções feitas a elas. É uma "teoria"? Nesse caso, em que sentido? Qual é a sua relação com a filosofia? E com o cristianismo? E quanto ao "gnosticismo" e à relação de Girard com os teólogos? Podemos falar de uma "antropologia mimética" ou de uma "antropologia do bode expiatório"?

No capítulo 5, Kirwan finalmente considera o futuro da teoria mimética: o seu poder de abordar a condição da humanidade moderna e de colocar em nossas próprias mãos a decisão estratégica que temos que tomar entre o Evangelho de paz e amor e a "velha estrada" da vitimização expiatória e da violência. O seu próprio futuro é visto como ligado a seu poder de ler todos os tipos de textos com inteligência sintética; fazer surgir leitores conscientes e interessados; e promover a "volta" de uma religião novamente compreendida e mais esclarecida.

Este é um maravilhoso guia introdutório para o leitor em geral. O livro *Girard and Theology* (2009), do mesmo autor, levará adiante, a partir daqui, leitores mais avançados e exigentes para novos horizontes de descobertas ainda maiores.

prefácio
Stéphane Vinolo

Londres, 18 de abril de 2012

Para qualquer leitor que se interessa pela obra de René Girard e pelo seu impacto no mundo das ideias, ela apresenta uma característica muito surpreendente e talvez única no panorama intelectual contemporâneo: brincar com as fronteiras, e devemos especificar, para esclarecer a nossa surpresa, que ela o faz com todas as fronteiras. Num momento de especialização ao extremo e às vezes quase absurda dos acadêmicos, Girard e a sua teoria mimética parecem passar de uma disciplina para outra, de um continente para outro, e de um momento histórico para outro, sem provocar nenhum tipo de problema. É como se a teoria mimética tivesse chegado a um nível de universalismo tal que as fronteiras epistemológicas, geográficas e históricas já não tivessem nenhum valor, nem representassem nenhum obstáculo para ela. Da literatura à teologia, da Grécia e Roma ao espaço ameríndio, da Idade Média à guerra nuclear, nenhuma passagem de fronteira parece ser um escândalo com que se esbarra no caminho da teoria mimética. Isso se complica ainda mais pelo próprio perfil de Girard: nem antropólogo profissional, nem filósofo, nem teólogo, nem psicólogo, contudo, Girard traz para cada uma dessas disciplinas tanto problemáticas novas como intuições muito pertinentes fazendo com que – e talvez as obrigue – enriqueçam os seus conteúdos teóricos e questionem os seus fundamentos. Por essa razão existente na própria teoria mimética, que é em sua essência interdisciplinar, poucas pessoas são tão capazes de perceber toda a profundidade da teoria mimética e de apresentar o pensamento de Girard quanto o professor Michael Kirwan, visto que ele próprio teve que percorrer esse caminho entre as disciplinas e entre os continentes antes de chegar à obra de Girard. Se tivermos que descrever em poucas palavras o caminho intelectual percorrido por Michael Kirwan, podemos dizer que ele o levou, aos poucos, da literatura à teologia, exatamente como fez, desde 1961 e da primeira publicação francesa de *Mentira Romântica e Verdade Romanesca*, a teoria mimética de René Girard. Hoje, Michael Kirwan é padre jesuíta inglês e irlandês, professor de teologia em Heythrop College da Universidade de Londres na Inglaterra. Ele começou os seus estudos com a literatura inglesa, o que foi muito valioso para que pudesse encontrar a obra de Girard que, como se sabe, colocou Shakespeare no centro das suas preocupações literárias. Esse encontro com o pensamento de Girard foi tão importante para ele que o levou a fazer um doutorado em teologia intitulado "A Teologia do Martírio à Luz do Pensamento de René Girard". Nessa tese ele utiliza de forma explícita o método girardiano no campo da teologia. Desde então, o seu interesse pela obra de Girard nunca foi desmentido se levarmos em conta os inúmeros artigos que Michael Kirwan publicou e as diversas conferências que apresentou sobre a teoria mimética, ou usando-a para esclarecer temas e problemas que poderiam parecer num primeiro momento alheios a ela. Os seus interesses intelectuais ou pastorais levaram-no em várias ocasiões a visitar o continente sul-americano e a descobrir alguns dos seus países e culturas: em particular o Chile, o Brasil, a Colômbia e a Guiana Britânica. Desse modo, podemos entender muito facilmente o interesse do livro de Michael Kirwan que, embora se apresente como uma introdução para a obra de Girard, vai muito mais além, permitindo-nos entender também, ao mesmo tempo, os seus limites e perspectivas futuras.

No primeiro capítulo do seu livro, Michael Kirwan apresenta o que é realmente o coração de toda a obra de Girard: a teoria do desejo mimético. Depois de lembrar a "conversão" que implicou para Girard esse descobrimento dentro da literatura, Kirwan insiste na ruptura filosófica que representa essa ideia de desejo mimético em relação ao indivíduo moderno, que sempre nos foi apresentado como um ser autônomo. Ao contrário do que diz Girard, inclusive no que é mais íntimo para ele – ou seja, o seu desejo –, o ser humano está sempre aberto a influências exteriores que o determinam plenamente, não só no seu comportamento, mas também e, sobretudo, nos seus desejos, já que o ser humano não deseja nada mais do que aquilo que os outros seres humanos lhe mostram como desejável quando eles próprios desejam. Dessa maneira, quanto mais homens desejarem uma mulher, mais ela lhes parecerá desejável. Existe, portanto, um vínculo conceitual fundamental que Girard estabelece entre o desejado e o desejável. Portanto, o desejo não é uma simples relação entre um sujeito desejante e um objeto desejável (e por isso desejado), mas um triângulo entre um sujeito, um objeto e um modelo do desejo. Porém, essa relação triangular tem consequências muito diferentes dependendo da distância existente entre o modelo do desejo e o sujeito. De fato, se os desejos do sujeito e do modelo, ao se imitarem reciprocamente, se encontrarem no caminho do objeto, serão necessariamente não só modelos, mas também rivais. Se dois homens desejam a mesma mulher, as suas relações se complicarão rapidamente visto que se um deles conseguir realizar o seu desejo, o outro será obrigado a renunciar ao seu ou a brigar para inverter a situação. Portanto, o que era uma imitação positiva de um pelo outro vai se transformar numa imitação da violência recíproca, cada um terá que eliminar o seu rival, que não é senão um obstáculo no seu caminho para o objeto desejado. Kirwan relembra os exemplos clássicos utilizados por Girard para demonstrar esse fenômeno em Proust, Dostoiévski e Cervantes, analisando em todos os casos as diferenças entre os autores, assim como a profunda identidade que existe entre eles. Porém, além de apresentar a teoria girardiana, Kirwan restabelece também todos os vínculos que podemos constatar entre a teoria mimética de Girard e duas teorias fundamentais que influenciaram todo o século XX francês: a teoria hegeliana da dialética do senhor e do escravo, que diante da interpretação proposta por Alexandre Kojève causou tanto impacto nos filósofos franceses da segunda metade do século XX, assim como a teoria do ressentimento desenvolvida por Max Scheler na sua crítica da concepção nietzschiana do cristianismo.

Depois de ter estabelecido essa base conceitual essencial do desejo mimético, o segundo capítulo descreve o que é realmente a "virada antropológica" da obra de Girard com o descobrimento do mecanismo do bode expiatório, a partir de 1962, em *A Violência e o Sagrado*. Já que a violência, assim como o desejo, é mimética, a sua solução não pode ser a sua renúncia por qualquer um dos participantes, visto que ninguém pode se desfazer dela, mas uma violência superior a todas as outras que põe um fim, por sua força e estrutura, a todas as violências. No auge da violência mimética, no momento da guerra de todos contra todos, quando a violência contagiou todos os membros do grupo ou da comunidade, ela se dirige contra uma única pessoa entre aqueles indivíduos, que, ao atrair para si a totalidade das violências, cristaliza num determinado momento toda a violência de toda a comunidade. Esses vetores múltiplos e divergentes convergem de repente num único vetor da violência, num único indivíduo. Assim como mostra Kirwan, é desse mecanismo que provêm todas as transcendências e também todos os fundamentos da ordem social, já que essa transcendência é a que restabelece todas as diferenças estruturantes entre um interior e um exterior, entre o permitido e o proibido, ou entre o profano e o sagrado. Devemos pensar que é a partir de um crime comum ou de uma expulsão comum de um indivíduo que impregnamos com toda a violência do grupo que a comunidade pode encontrar a paz ao expulsá-la com a morte de um bode expiatório. Um mecanismo único se encontra na base das culturas humanas, uma estrutura comum e universal. Porém, apesar dessa estrutura, e apesar de reconhecer tanto em Lévi-Strauss (por ser o filósofo que realmente nos ensinou a pensar em termos de diferença) como em Freud (por ter descoberto a origem violenta da cultura num assassinato coletivo) o papel de precursores, essas análises antropológicas em termos de bode expiatório permitem que Girard refute a antropologia estruturalista que permanece prisioneira do símbolo, sem nunca pensar que os espaços deixados vazios não são só o fato de significados e significantes, mas de seres humanos cuja ausência real se explica por um assassinato. Da mesma forma, a "virada antropológica" de Girard permite que ele refute a antropologia psicanalítica que, apesar de ter visto o papel fundamental do assassinato do pai pelos dois irmãos unidos contra ele, nunca conseguiu entender o caráter mimético – e não de objeto – do desejo. Dessa maneira, a teoria do desejo mimético culmina numa verdadeira antropologia mimética.

Esse fenômeno do bode expiatório não podia deixar de levar Girard para os textos da Bíblia, uma vez que os fenômenos descritos na antropologia mimética se encontram de forma semelhante na Bíblia, e também porque a mesma expressão de "bode expiatório" provém do capítulo 16 do Levítico. Como nota Kirwan, a estrutura ternária da antropologia mimética: crise mimética – expulsão – transcendência, é exatamente a da Paixão de Cristo. Há, porém, uma diferença fundamental entre os mitos e os Evangelhos, já que por trás dessas semelhanças estruturais, é a interpretação que difere. Os mitos sempre apresentam as vítimas como culpadas e a violência que sofrem como justificada. Esse é o caso, por exemplo, de Édipo ou vários mitos apresentados por Lévi-Strauss analisados por Girard. É por essa razão que os mitos não conhecem a expressão "bode expiatório", porquanto, para eles, a pessoa que é expulsa e assassinada é realmente culpada. Só os Evangelhos (e algumas páginas do primeiro testamento também) apresentam os que padecem a violência mimética como inocentes e injustamente assassinados, ou seja, como bodes expiatórios de forma explícita. A grande ruptura dos Evangelhos dentro desse processo não é a de apresentar uma estrutura nova em relação ao processo de transcendência e de criação dos deuses, mas, ao apresentar a estrutura do ponto de vista da vítima, eles nos permitem entender a sua verdade. Daí vem que os Evangelhos apresentam uma verdadeira revelação, revelação da verdade da estrutura mimética e do seu complemento expiatório. Dessa forma, podemos entender perfeitamente a alternativa que Kirwan propõe entre Dioniso e Cristo: ou acreditamos que a vítima é culpada e que o seu sacrifício é justificado e necessário para restabelecer a ordem social, ou acreditamos que a vítima é inocente, mas daí devemos admitir que é possível receber tanta violência ao querer denunciar o processo expiatório. As duas alternativas se prolongam então em duas visões do sacrifício: sacrifício do outro, sacrifício de si mesmo, Dioniso ou o Cristo.

Finalmente, os capítulos 4 e 5 propõem uma leitura mais crítica da teoria de René Girard, baseando-se em dois pontos: os seus limites e as objeções que sempre foram feitas (capítulo 4), e as suas perspectivas futuras (capítulo 5). Dessa maneira, Kirwan evita o que é uma tendência nos estudos girardianos: repetir sempre a teoria girardiana sem fazê-la avançar por falta de críticas. É por isso que dizíamos que este livro é muito mais do que uma simples introdução para a obra de Girard. Ao contrário, Kirwan assume plenamente as críticas à obra de Girard, epistemológicas, antropológicas ou teológicas, para mostrar em que medida a afetam e como é possível propor respostas a essas críticas. Dessa maneira, o leitor poderá ver no texto de Kirwan nomes de pessoas muito próximas de Girard que, num determinado momento de suas carreiras e obras, se separaram dele – como é o caso de Eric Gans e da sua antropologia generativa –, mas também de pessoas que parecem precursoras de Girard – como parece ser às vezes na teologia o padre Raymund Schwager –, e ainda poderemos ver possíveis soluções a críticas que foram feitas muito cedo à teoria mimética – como o seu caráter não científico porque ela se apresenta como uma teoria não refutável.

Pelas razões expostas, o livro de Michael Kirwan é um livro importante não só para os que desejam descobrir Girard, mas também para os que querem ir além na leitura da teoria mimética, desejando se deixar levar por essa ideia que num primeiro momento nos parecera quase louca: a literatura é um dos vetores da verdade sobre o ser humano. Caminhando com Kirwan fica mais claro do que nunca por que Girard pôde afirmar, em completa ruptura com tudo o que o século XX pensou, que Cervantes, Proust e Dostoiévski têm muito mais a nos ensinar sobre o que realmente somos do que as ciências sociais; ou que a trindade cristã tem muito mais a nos dizer sobre o ser humano do que a trindade da suspeita e dos suspeitos: Freud, Marx e Nietzsche.

introdução

Sancho Pança, que por sinal nunca se vangloriou disso, no curso dos anos conseguiu, oferecendo-lhe inúmeros romances de cavalaria e de salteadores nas horas do anoitecer e da noite, afastar de si o seu demônio – a quem mais tarde deu o nome de D. Quixote – de tal maneira que este, fora de controle, realizou os atos mais loucos, os quais, no entanto, por falta de um objeto predeterminado – que deveria ser precisamente Sancho Pança –, não prejudicaram ninguém. Sancho Pança, um homem livre, acompanhou imperturbável, talvez por um certo senso de responsabilidade, D. Quixote nas suas sortidas, retirando delas um grande e proveitoso divertimento até o fim de seus dias.[1]

---

[1] Franz Kafka, "A Verdade sobre Sancho Pança". In: *Narrativas do Espólio*. Trad. Modesto Carone. São Paulo, Companhia das Letras, 2002, p. 103.

> Temos necessidade de ir do alfa ao
> ômega e voltar. E esses movimentos
> constantes, esses vaivéns, obrigam a
> composições em caracol, em voluta,
> em espiral, que ao final correm o risco
> de ser desconcertantes e até incom-
> preensíveis para o leitor. [...] creio
> que seria preciso abordar o livro como
> a um thriller. Todos os elementos são
> dados no início, mas é preciso levar
> a leitura até o fim para que o sentido
> apareça plenamente.[2]

Por mais de quarenta anos, o crítico cultural franco-americano René Girard tem escrito um *thriller* sobre cultura, violência e o sagrado. De fato, em diversos livros e em numerosos artigos e entrevistas, ele parece deslocar-se obsessivamente para trás e para a frente, seguindo algumas ideias-chave – como um detetive ou um espião em busca de evidências.

A questão que o atormenta é antiga, mas ainda relevante: *O que devemos fazer com a religião?* Isso significa questionar a origem e a função da religião, assim como enfrentar um curioso paradoxo. O paradoxo é o seguinte: nas sociedades pré-modernas, a religião era aceita como uma força que unia a sociedade e lhe conferia coesão (a palavra latina é *religare*, "unir"), contudo, na era moderna, a religião é tratada, em geral, com

---

[2] René Girard, *Aquele por Quem o Escândalo Vem*. Trad. Carlos Nougué. São Paulo, É Realizações, 2011, p. 101-02.

ansiedade e suspeita, uma vez que é vista como fonte de divisão e conflito. Para a maioria das pessoas hoje, a religião é mais segura quando vista como uma questão de interesse unicamente privado. René Girard apresenta uma forma de compreender esse paradoxo, embora seja um tema que, segundo ele, só pode ser abordado de forma indireta. Para muitos que dialogam com seu trabalho, a admissão, por parte de Girard, de que há em seu estilo uma dificuldade e obliquidade necessárias não surpreende. Quanto a dizer que o estudo de sua obra seria mais fácil se a lêssemos com o mesmo prazer com que lemos *O Espião Que Sabia Demais* ou um clássico de Agatha Christie, é outra questão.

Tal comparação intrigante não deve induzir ao erro de compreender a obra de Girard como entretenimento ou escapismo literário. A verdade é antes o oposto: a premência, a emoção do trabalho de Girard é a possibilidade de alcançar compreensões originais e desafiadoras sobre alguns dos problemas mais graves do mundo contemporâneo. Será que podemos aprender algo sobre a complexa relação entre a modernidade secular e o terrorismo de inspiração religiosa que deu origem à atrocidade do 11 de Setembro? Ou sobre padrões de provocação e resistência enraizados e ritualizados em conflitos de longo prazo como o da Irlanda do Norte ou a luta pela Palestina? Ou sobre as amargas polêmicas referentes à "sacralidade" da vida e aos "direitos" reprodutivos nos Estados Unidos? Ou sobre os tipos de estigmas sob os quais vivem as pessoas com Aids? As questões difíceis sobre a relação ambígua entre a religião e as diferentes formas de violência não são, de forma alguma, novas, mas desde o ano 2000 chamaram nossa atenção de forma particularmente séria. De fato, o trabalho de Girard antecipou em quatro décadas esse recente desenvolvimento – todas as questões acima mencionadas foram abordadas quer pelo próprio Girard, quer por pensadores inspirados nele, que usaram a mesma abordagem teórica desenvolvida por Girard.

Em seu sentido literal, *theoria* significa "observar" evidências sob uma perspectiva particular. Ou um tipo especial de "imaginação", no sentido em que essa palavra é usada pelo arcebispo Cauchon no epílogo de *Santa Joana* (1924), de George Bernard Shaw. Recorde-se a conversa entre dois homens da Igreja, um dos quais, De Stogumber, fala do trauma de ter testemunhado o martírio de Santa Joana:

> DE STOGUMBER: Sabe, um dia, eu fiz uma coisa muito cruel, porque não sabia como era a crueldade. Eu não a tinha visto, entende. Essa é a coisa notável: temos que vê-la. E depois somos redimidos e salvos.
> CAUCHON: Não foram os sofrimentos de nosso Senhor Jesus Cristo suficientes para ti?
> DE STOGUMBER: Não. Oh, não: de forma alguma. Eu tinha-os visto em quadros e lido sobre eles em livros, e fui fortemente comovido por eles, como pensei. Contudo não foi suficiente: não foi nosso Senhor que me redimiu, mas uma jovem mulher que vi morrer na fogueira. Foi terrível: oh, realmente terrível. Entretanto, me salvou. Eu me

tornei um homem diferente desde então, embora, por vezes, um pouco perdido em meu juízo.

CAUCHON: Tem, então, um Cristo que perece em tormento em todos os tempos para salvar aqueles a quem falta imaginação?

Nesta passagem há, sem dúvida, um toque de preconceito: Cauchon é francês, logo, ele se sente superior em relação aos menos sofisticados e "imaginativos" ingleses. E Cauchon parece, sim, ter razão, até certo ponto. Quando os seres humanos se comportam de forma cruel e atroz – "a desumanidade do homem para com o homem" –, as suas ações sugerem algo como uma falha catastrófica da imaginação, uma incapacidade absoluta de se colocar no lugar da vítima que está sendo abusada, torturada, ou que desaparece. Nos piores casos, como o genocídio, existe até uma recusa completa em reconhecer que as vítimas são seres humanos. No que diz respeito ao personagem De Stogumber, há *páthos* no que ele fala sobre a insuficiência mesmo da representação mais sagrada quando comparada à realidade, e sobre a capacidade de autoengano, mesmo no que se refere à própria experiência: "fui fortemente comovido por eles, tal como pensei".

Girard preocupa-se com alguns dos temas explorados na peça de Shaw: a representação do martírio e do sofrimento, a suficiência da revelação cristã. No entanto, há uma importante diferença que podemos apontar de imediato. O personagem de Shaw, Cauchon, sugere superficialmente que essa "imaginação", o modo correto e humano de olhar para as coisas, é, de alguma forma, um ponto de vista óbvio ou natural. Cristo mostrou-nos o significado e a realidade do sofrimento, e isso deveria bastar. Apenas a "idiotice" das (outras) pessoas impediria a criação de um mundo verdadeiramente complacente e harmonioso. Aqueles que, como Cauchon (e, claro, Shaw!), foram abençoados com inteligência e sensibilidade, podem apenas desesperar-se com os inúmeros De Stogumbers de todo o mundo.

O tom de René Girard é diferente e mais humilde. Seu interesse pela "perspectiva da vítima" começou com uma leitura atenta das obras de autores como Proust, Dostoiévski e Shakespeare. Mais tarde, voltou sua atenção para textos antropológicos e míticos (em especial os ciclos de Édipo e de Dioniso) e depois para leituras detalhadas das escrituras judaico-cristãs. Estas variadas fontes convenceram-no de que o poder de imaginação empática, longe de ser algo que devemos esperar dos seres humanos, e muito menos tomar como certo, é na realidade algo milagroso. Se observarmos a história do mundo e de suas civilizações, a compaixão pela vítima é, de fato, uma qualidade muito rara. Na maioria das culturas, verifica-se exatamente o oposto, porque os fracos e vencidos não têm quaisquer direitos. Se, e quando, essa compaixão surge, trata-se do resultado de uma luta titânica no interior de uma pessoa e de uma sociedade. Essa luta foi sintetizada por De Stogumber como um tipo de "conversão". E não apenas para os desprovidos de inteligência e imaginação: uma conversão que mesmo alguns dos espíritos mais sensíveis e criativos da história da humanidade tiveram que enfrentar.

Na primavera de 1959, depois de 26 anos como agnóstico, o trabalho de Girard sobre cinco romancistas europeus (Cervantes, Flaubert, Stendhal, Proust e Dostoiévski) trouxe-lhe de volta o interesse pelo cristianismo. Apesar das óbvias diferenças, a vida e a obra de cada um desses autores revelaram um padrão semelhante: uma experiência de "conversão". Essa compreensão permitiu a Girard libertar-se e escrever seus trabalhos mais importantes. Ao mesmo tempo, ficou impressionado por uma preocupação comum a esses autores, a saber, o entendimento deles sobre a natureza do desejo como "mimética" ou imitada (um conceito que exploraremos em detalhes mais adiante). Quanto mais maduros são os trabalhos de cada um desses autores, mais explícito e desenvolvido é o respectivo entendimento do mimetismo do desejo. Contudo, essa interessante descoberta de Girard teria permanecido em um nível puramente intelectual se um repentino susto de saúde não tivesse intervindo e o levado a reavaliar as próprias crenças. As indagações eram agora reais e não apenas "literárias". Girard retornou à Igreja Católica, que havia deixado para trás na infância, e a "teoria mimética" nasceu.

De forma bem simples, essa é uma teoria que procura elucidar a relação – podemos dizer a cumplicidade – entre religião, cultura e violência. Tornou-se comum descrever a teoria como tendo três partes: a natureza mimética do desejo; o mecanismo do bode expiatório como forma de as sociedades regularem a violência gerada pela competição mimética; e a importância da revelação do Evangelho como o modo pelo qual esse mecanismo do bode expiatório é exposto e considerado ineficaz.

Não seria demasiado esquemático sugerir que as três fases correspondem a três disciplinas ou abordagens acadêmicas com as quais Girard esteve envolvido: literatura, antropologia cultural e teologia ou estudo bíblico. Correndo o risco de ser ainda mais esquemático, poderíamos corresponder cada uma das três fases a um livro essencial de Girard, nomeadamente, *Mentira Romântica e Verdade Romanesca* (1961), *A Violência e o Sagrado* (1972) e *Coisas Ocultas desde a Fundação do Mundo* (1978). Foi o segundo livro que mais chamou a atenção. Por exemplo, o *Le Monde* declarou que "o ano de 1972 deveria ser marcado com um asterisco na história das humanidades". O filósofo Paul Dumouchel resume:

> Começando com crítica literária e terminando com uma teoria geral da cultura, através de uma explicação do papel da religião nas sociedades primitivas e uma reinterpretação radical do cristianismo, René Girard modificou completamente o panorama das ciências sociais. Etnologia, história das religiões, filosofia, psicanálise, psicologia e crítica literária são explicitamente mobilizadas nesta obra. Teologia, economia e ciências políticas, história e sociologia – resumindo, todas as ciências sociais e aquelas que antes eram chamadas ciências morais – são influenciadas por ela.[3]

---

[3] Paul Dumouchel, *Violence and Truth: On the Work of René Girard*. Londres, Athlone, 1988, p. 23.

A primeira parte deste livro (capítulos 1 a 3) será baseada nestes três elementos estruturais da teoria mimética: que os nossos desejos são em grande escala imitados ou derivados por meio da mímesis; que as sociedades têm tendência a canalizar a violência que surge como resultado de uma interação mimética através de um processo de "bode expiatório", que é subjacente às práticas religiosas (como o sacrifício) e às instituições seculares; e, por fim, que a revelação que ocorre nas escrituras judaico-cristãs é a força primordialmente responsável por nos mostrar a verdade sobre essa violência oculta, e por possibilitar formas alternativas de estruturar a vida humana. Tenciono analisar algumas reflexões metodológicas mais abstratas, assim como algumas das principais objeções à teoria (capítulo 4); e, por fim, refletir sobre como a teoria poderá ser desenvolvida no futuro (capítulo 5). Cada um dos capítulos expositivos começa com um resumo de seu conteúdo.

No restante desta introdução, gostaria de abordar algumas características particulares que nos ajudam a entender o porquê de a teoria ser tão energizante para algumas pessoas e tão fácil e vigorosamente rejeitada por outras. Espero conseguir deixar claros cinco indicadores ou características que nos orientarão na delicada tarefa de "descobrir Girard".

Em primeiro lugar, como vimos, René Girard admite uma dificuldade em seu próprio trabalho, a qual ele sugere ser inevitável. O entendimento que se deve adquirir é inseparável de um tipo específico de luta intelectual que o leitor tem que empreender – precisamente, como ler um desafiador e convoluto romance de espionagem. Qualquer um que mergulhe em *A Violência e o Sagrado* ou *Coisas Ocultas* pode logo ficar desorientado e desencorajado diante da enorme quantidade de ideias e referências. Contudo, essa dificuldade não deve ser muito enfatizada. Michel Serres observou que as ideias de Girard podem ser entendidas por uma criança de onze anos de idade, e ficamos com a impressão de que essa simplicidade e acessibilidade é mais desencorajadora para alguns acadêmicos do que a alegada convolução do pensamento de Girard. Diferentemente de alguns outros teóricos contemporâneos, que veem a linguagem com tanta desconfiança que parecem trabalhar contra o próprio meio pelo qual se comunicam, Girard acredita na possibilidade de comunicar suas ideias de forma lúcida, e tenta fazê-lo com humor e estilo.

Em segundo lugar, e relacionado com esse primeiro ponto, é necessário fazer uma clara distinção entre o trabalho de René Girard e a "teoria mimética". A teoria tem agora vida própria, uma vez que outros autores se apropriaram das ideias de Girard e as remodelaram, ainda que discordem dele em pontos significativos. Desde o início dos anos 1990, existe um colóquio para acadêmicos literários, teólogos, psicólogos, advogados, etc. "explorarem, criticarem e desenvolverem o modelo mimético sobre a relação entre violência e religião na gênese e na manutenção da cultura", o que se tornou muito mais um esforço colaborativo e interdisciplinar. Um exemplo disso deve ser aqui mencionado: em diversos contextos, Girard expressou sua dívida para com o trabalho do já falecido teólogo jesuíta Raymund Schwager, um suíço que fez uma apropriação teológica extremamente significativa da antropologia de Girard. Este livro, acima de tudo, elucida o pensamento de

Girard, mas também valoriza o trabalho de colaboradores, incluindo o de Raymund Schwager e de seus colegas da Universidade de Innsbruck.

O terceiro ponto é estilístico e afeta a forma como o trabalho de Girard deve ser abordado. Girard tem sido descrito como o pensador "porco-espinho", que "vê uma coisa", contrariamente à raposa, que "vê muitas coisas". Por vezes, a ânsia de expressar sua visão levou a generalizações excessivas, que terão, portanto, que ser retratadas ou qualificadas. Um bom exemplo é a discussão sobre "sacrifício", que a princípio ele não reconheceu como um termo apropriado para ser usado no contexto do cristianismo. A discussão com Schwager mudou sua opinião sobre esse tema, como ele reconheceu em várias ocasiões. Isso não constitui uma problemática, exceto pelo fato de as "retratações" com frequência aparecerem em fontes menos acessíveis do que seus principais trabalhos. Como é habitual com intelectuais franceses, diversas vezes ele desenvolve ou faz tênues referências à sua teoria em entrevistas – a *Festschrift* de Girard, de 1986, lista 29 entrevistas publicadas, e houve muitas mais desde então. Dessa forma, qualquer pessoa que leia *Coisas Ocultas* para saber o que Girard pensa sobre o sacrifício será seriamente induzida a erro, devido à sua mudança de ênfase desde que o livro foi publicado, em 1978.

Por esse motivo, propus uma divisão do trabalho de Girard em três partes:

Três textos "clássicos" (*Mentira Romântica e Verdade Romanesca*; *A Violência e o Sagrado*; *Coisas Ocultas desde a Fundação do Mundo*).

Outros livros de Girard que consistem, sobretudo, em "leituras" literárias ou bíblicas nas quais a teoria mimética é aplicada (como livros sobre Jó, Dostoiévski, Shakespeare).

Fontes importantes, mas menos acessíveis, como entrevistas em jornais ou em livros não traduzidos para o inglês, em que importantes desenvolvimentos do pensamento girardiano são expostos. Como esta terceira categoria aborda a literatura, que é menos familiar ao leitor de língua inglesa em geral, tentarei fazer uma especial referência a ela.

Em quarto lugar, e para esquematizar ainda mais esta apresentação, é importante ver as três partes da teoria mimética como uma conversa com algumas das grandes figuras do pensamento moderno. Muito do que Girard escreveu está relacionado com as ideias de três autores: Hegel, Friedrich Nietzsche e mais crucialmente Sigmund Freud. A opinião de Girard sobre os dois últimos é a mesma: eles aproximam-se muito da verdade sobre o desejo mimético, mas não conseguem alcançá-la, e por isso induzem-nos a erro justamente porque chegaram muito perto e, ao mesmo tempo, ficaram tão longe. É por isso que o pensamento girardiano pode ser algo parcial: sua visão do desejo mimético tem claras afinidades com o desejo de "reconhecimento" pelo outro de Hegel ("desejar o desejo de outro"), como é demonstrado em *Fenomenologia do Espírito*; seu relato da violência como origem da cultura (também denominada "violência originária") tem forte semelhança com a descrição de Freud do assassinato fundador em *Totem e Tabu*; e o endosso da revelação cristã por parte de Girard é precisamente a aceitação do desafio de Nietzsche, "Dioniso *versus* o 'Crucificado'" – exceto pelo fato de Nietzsche optar por Dioniso, enquanto Girard escolhe o Crucificado. No final de cada capítulo – sobre desejo mimético, bode expiatório, revelação bíblica – faço uma breve análise de cada um destes três importantes temas filosóficos, uma vez que eles tiveram grande impacto no projeto de Girard.

Um quinto e último ponto leva-nos de volta ao tema literário com o qual começamos. Girard não tem medo de pensar em larga escala: ele fornece uma teoria geral da religião e está preparado para discordar de grandes figuras como Freud e Nietzsche. Grande parte da resistência crítica a Girard deriva da opinião de que esse tipo de pensamento é anacrônico e inadequado. Essa acusação será examinada de forma mais detalhada no capítulo 4, mas, de qualquer forma, é possível dizer que o principal interesse de Girard, sua paixão, é outro. Desde o início de sua formação como decifrador de manuscritos medievais, ele sempre foi simplesmente um leitor de textos. René Girard gosta de escrever e falar sobre os grandes romancistas e dramaturgos (pelo menos aqueles cujo trabalho promete ser um terreno fértil para sua teoria), e parece afinal estar mais confortável ao discutir Dostoiévski, Joyce e, sobretudo, Shakespeare do que qualquer outro tema. E é aqui que uma atividade muito mais humilde está em curso, já que a abordagem de Girard dos textos literários não é muito mais do que a aplicação de dois princípios de senso comum.

Primeiro, a grande literatura remete-nos para o "mundo real" e deve ser levada a sério enquanto comentário sobre os conflitos e as paixões das pessoas e sociedades reais. Em segundo lugar, o melhor crítico de um escritor é o próprio escritor, olhando para trás de um ponto de vista baseado em uma reflexão madura e tranquila, de forma que os últimos trabalhos de Shakespeare e Camus podem e devem ser usados como um guia crítico para os primeiros.

É necessário questionar se tal abordagem chega a constituir uma "teoria". Isso nos leva mais uma vez à questão sobre o tipo de conhecimento que temos, o qual nos surpreende por sua mistura de psicologia, antropologia, revelação bíblica e opiniões crítico-literárias. Será que Girard oferece um "sistema" que inunda toda a realidade humana com uma luz branca cegante, ou não será isso apenas um antissistemático conjunto de holofotes cuidadosamente posicionados para iluminar textos e situações particulares – esse romance ou aquela peça, uma crônica histórica, um artigo de jornal, um relatório da Anistia Internacional? Onde se encontra a autêntica contribuição da versão de Girard sobre a teoria mimética? No terremoto e no turbilhão de seu evangélico toque de clarim diante da modernidade e da pós-modernidade – sua heroica "viagem às profundezas das ciências do homem" –, ou devemos ouvir a ainda voz branda de suas atentas e sagazes leituras literárias?

Pelo que se segue, tenho uma enorme dívida para com os vários autores e colegas que me inspiraram, apoiaram e me deram sua amizade. Em primeiro lugar, naturalmente, René Girard e sua mulher, Martha, e todos os participantes do Colloquium on Violence and Religion (COV&R) [Colóquio sobre Violência e Religião]. Um especial agradecimento a Billy Hewett, S.J., James Alison e Andrew McKenna, que leram e fizeram comentários ao manuscrito com prazo muito curto. Não é necessária uma leitura muito atenta para entender que esta introdução ao pensamento de Girard fica especialmente em dívida com dois bons "modelos": *The Girard Reader*,[4] de James Williams, e a introdução de Wolfgang Palaver em *René Girards mimetische Theorie*;[5] meu sincero agradecimento a ambos. Gostaria também de demonstrar minha gratidão ao meu *Doktorvater*,[6] dr. Joseph Laishley, S.J., e aos meus colegas do Heythrop College, em Londres, e da Província Jesuíta Britânica, por me darem a licença sabática que me permitiu concluir este trabalho. Por fim, as dívidas de amor e amizade: para com minha família, para com minha comunidade jesuíta em Garnet House, Clapham, e para com o "Grupo de Santa Cristina", por seu amor e apoio infalíveis.

Enquanto terminava a primeira versão deste livro, chegou-me a notícia da morte repentina de Raymund Schwager, S.J., pouco tempo antes de se aposentar da Faculdade de Teologia de Innsbruck. Sua contribuição para o desenvolvimento teológico da teoria mimética é muito significativa, e espero ter-lhe feito justiça nestas páginas, ainda que outras qualidades – seu carinho, sua sabedoria calma e sua fé generosa – tenham que ser devidamente recordadas em outro lugar. Que descanse em paz.

---

[4] James Williams, *The Girard Reader*. Nova York, Crossroad, 1996, incluindo uma entrevista com René Girard, p. 263-88.
[5] Wolfgang Palaver, *René Girards Mimetische Theorie*. Münster, Lit Verlag, 2003.
[6] Em alemão, literalmente, "Pai do Doutorado", ou seja, o orientador. (N. T.)

René Girard: vida e carreira

René Girard seria o primeiro a reconhecer a importância da biografia para o alcance de qualquer conquista artística ou intelectual, e os principais eventos de sua própria vida, na medida em que levaram ao nascimento da teoria mimética, podem aqui ser demonstrados. Ele nasceu no Natal de 1923, em Avignon. Seu pai, o arquivista da cidade, tinha pouca simpatia pelo cristianismo, embora sua mãe fosse católica devota. Desde os dez anos de idade até sua conversão, aos 36, Girard pouco se relacionou com a Igreja, sendo política e intelectualmente um pensador de esquerda. Ele estudou História Medieval, mais precisamente manuscritos, tendo apresentado, em 1947, uma dissertação sobre o tema "Vida Privada em Avignon na Segunda Metade do Século XV". Uma viagem para os Estados Unidos no mesmo ano e uma experiência de maior liberdade acadêmica nas universidades americanas levaram-no a decidir emigrar da França para a América.

Após ulteriores estudos em história, Girard obteve (em 1950) um segundo doutorado na Universidade de Indiana sobre "A Opinião Americana e a França – 1940-1943". No entanto, seu primeiro emprego em Indiana foi como professor de língua francesa e literatura com cargos posteriores na Universidade Duke, na Faculdade Bryn Mawr e, mais tarde, na Universidade Johns Hopkins, em Baltimore, onde foi professor de literatura de 1961 a 1968. Em 1966, Girard foi um dos organizadores de um simpósio intitulado "As Linguagens da Crítica e as Ciências do Homem"; com Roland Barthes, Jacques Derrida, Jacques Lacan e a presença de outros importantes teóricos críticos, o simpósio foi importante por trazer novas correntes filosóficas ao cenário acadêmico americano. Esse fato é importante para corrigir a impressão que podemos ter de Girard lavrando um sulco acadêmico solitário e idiossincrático. Em particular, ele considerou o contato com Jacques Derrida especialmente importante para sua própria teoria do bode expiatório.

Girard esteve na Universidade Estadual de Nova York antes de regressar a Johns Hopkins, em 1976. Desde 1980 até sua aposentadoria, em 1995, ele ocupou a Cátedra Andrew Hammond de Língua Francesa, Literatura e Civilização na Universidade Stanford, na Califórnia. Como James Williams (1996) observa, a Universidade Stanford foi um local prestigioso para Girard se encontrar, mas, justamente por isso, foi também um centro de exatidão política acadêmica prejudicial às preocupações intelectuais de Girard. Suas publicações durante esse período envolveram etnologia, antropologia, psicologia, mitologia e teologia, assim como crítica literária – embora sua formação acadêmica inicial, como já mencionei, tenha sido história medieval. Hoje, Girard ainda mora em Stanford e é casado com Martha, uma americana. Eles têm três filhos e vários netos.

Quais são especificamente os acontecimentos na vida de Girard que o levaram a esse interesse obsessivo nos temas da mímesis, da violência e do sagrado que dominaram seu trabalho? Sem surpresa, o fato de ter crescido na França durante a Segunda Guerra Mundial foi claramente crucial. Um estudo recente fez referência ao seu envolvimento com a Resistência Francesa durante esse período. E por falar nesse período, Girard recorda como ficou impressionado, mesmo enquanto jovem agnóstico, com o fato de que aqueles, entre seus conhecidos, que pareciam mais capazes de resistir à atração contagiosa do fascismo, por um lado, e do comunismo, por outro, foram os Jovens Trabalhadores Cristãos – talvez uma observação significativa diante de seu posterior compromisso religioso.

Em diversas ocasiões Girard falou com alguma abertura sobre sua conversão, que ocorreu enquanto trabalhava em seu primeiro livro: de início foi uma conversão intelectual, depois mais propriamente religiosa, levando à sua volta ao cristianismo na Páscoa de 1959.

Quando lhe pediram para refletir sobre experiências de marginalização pessoal que pudessem explicar seu interesse pelo tema do bode expiatório, Girard mencionou o sentimento de discriminação que sentiu como "provinciano" quando chegou a Paris, e também a impressão que ele tinha sobre o racismo quando se mudou para os Estados Unidos, embora, nesse contexto, Girard afirme que os romances de William Faulkner tiveram mais peso que experiências pessoais. Contudo, o mais significativo é sua discussão, em uma entrevista para o *Der Spiegel*, em 1997, sobre o impacto do suicídio de seu irmão antes de ter emigrado para os Estados Unidos e a dificuldade de sua família para superar essa tragédia sem procurar atribuir "culpas".

Além desses acontecimentos, parece que para entender Girard devemos voltar para os textos que lhe deram energia e inspiração e que tiveram nele um impacto mais profundo: as obras de Proust, Dostoiévski, Shakespeare e, em última análise, os Evangelhos. Estabelecendo uma ponte entre as preocupações literárias e evangélicas de Girard, temos as investigações antropológicas e mitológicas e, em especial, a tragédia grega clássica. *The Girard Reader* (1996) permanece um recurso valioso para traçar o desenvolvimento de seu pensamento. Como já sugeri antes, é provavelmente mais útil pensar na carreira de Girard sob os três seguintes títulos (as referências bibliográficas devem ser consultadas para mais detalhes):

1. Três trabalhos-chave, nos quais a teoria mimética se configura:

Mentira Romântica e Verdade Romanesca. Trad. Lilia Ledon da Silva. São Paulo: É Realizações, 2009.
A Violência e o Sagrado. Trad. Martha Gambini. São Paulo: Paz e Terra, 2008.
Coisas Ocultas desde a Fundação do Mundo. Trad. Martha Gambini. São Paulo: Paz e Terra, 2009.

2. Livros em que a teoria mimética é aplicada a autores ou textos específicos:

Dostoiévski: Do Duplo à Unidade. Trad. Roberto Mallet. São Paulo: É Realizações, 2011.
'To Double Business Bound': Essays on Literature, Mimesis and Anthropology. Baltimore/Londres: Johns Hopkins UP/Athlone, 1978. [Esse livro será publicado na Biblioteca René Girard.]
O Bode Expiatório. Trad. Ivo Storniolo. São Paulo: Paulus, 2004.
A Rota Antiga dos Homens Perversos. Trad. Tiago José Risi Leme. São Paulo: Paulus, 2009.
Shakespeare: Teatro da Inveja. Trad. Pedro Sette-Câmara. São Paulo: É Realizações, 2010.
Eu Via Satanás Cair como um Relâmpago. Trad. Martha Gambini. São Paulo: Paz e Terra, 2012.

3. Entrevistas importantes, apresentações em conferências:

'To Double Business Bound': Essays on Literature, Mimesis and Anthropology. Baltimore/Londres: Johns Hopkins UP/Athlone, 1978. [Esse livro será publicado na Biblioteca René Girard.]

ASSMAN, H. (org.), *Sobre Ídolos y Sacrificios: René Girard con Teólogos de la Liberación*. Colección Economia – teologia, 1991. [Em português: *René Girard com Teólogos da Libertação: Um Diálogo sobre Ídolos e Sacrifícios*. Petrópolis/Piracicaba, Vozes/Unimep, 1991.]

ADAMS, R., "A Conversation with René Girard: Interview by Rebecca Adams". *Religion and Literature* 25.2, Notre Dame Indiana, 1993.

Quando Começarem a Acontecer Essas Coisas. Trad. Lilia Ledon da Silva. São Paulo: É Realizações, 2011.

Aquele por Quem o Escândalo Vem. Trad. Carlos Nougué. São Paulo: É Realizações, 2011.

capítulo 1
o desejo é mimético

Resumo do capítulo

1 A teoria das relações humanas designada "teoria mimética", de René Girard, tem em sua origem uma experiência de "conversão", um movimento em direção à verdade, que Girard descobriu na vida e na obra de cinco autores europeus selecionados. Essa conversão é mais explicitamente cristã em alguns casos (como Dostoiévski) do que em outros (como Proust ou Stendhal). Ainda assim, é inseparável de temas e símbolos de transcendência religiosa, como o culto, a idolatria, a comunhão, a morte e a ressurreição.

2 Cada um desses autores explora a verdade de que o "desejo é mimético". Com isso, Girard afirma, antes de tudo, que o desejo humano deve ser distinguido da necessidade e do apetite, na medida em que os apetites são biologicamente precondicionados, enquanto o desejo é muito mais um resultado da cultura. As necessidades humanas biológicas (fome, sede) são direta e facilmente identificadas; os objetos do desejo são muito mais difíceis de especificar, sendo potencialmente ilimitados e infinitamente variados.

3 Por esse motivo, homens e mulheres aprendem uns com os outros o que devem desejar. Nesse contexto, os seres humanos são "miméticos", copiam-se uns aos outros não apenas em linguagem, gestos e outros atributos externos, mas também no que diz respeito ao que desejam. Dessa forma, a teoria mimética desafia e rejeita a ideia do "eu desejante" como autônomo e independente – a "mentira romântica". Os autores escolhidos por Girard lidam com a "verdade romanesca" no que concerne à instabilidade do eu desejante. Esse tema está especialmente presente no drama de Shakespeare, por exemplo, em *Sonho de uma Noite de Verão*.

4 Uma vez que a mímesis leva a uma convergência de desejos sobre o mesmo objeto – como crianças disputando um brinquedo –, o resultado será com frequência a rivalidade e possivelmente um conflito aberto. O desejo de posse de objetos é designado mímesis de apropriação. Quando o desejo é dirigido a algo menos específico, que vai além dos objetos, a um estado quase transcendente de bem-estar ou satisfação, é denominado desejo "metafísico".

5 A natureza mediada do desejo pode ser mais bem ilustrada através de um triângulo, ou seja, uma relação entre sujeito/modelo/objeto. A potencialidade de rivalidade e conflito entre sujeito e modelo depende da distância entre eles (a altura do triângulo): quando a distância entre o sujeito e o modelo é maior, não havendo perigo de entrarem em competição (quer porque o modelo é um personagem fictício, quer porque há barreiras sociais ou culturais suficientes entre eles), Girard fala de mediação "externa". Quando o sujeito

e o modelo ocupam o mesmo espaço social, existindo a possibilidade de competirem entre si, temos o mais perigoso tipo de mediação, a mediação "interna".

6 Girard vê no desenvolvimento do romance de Cervantes a Dostoiévski uma progressão da mediação externa para a mediação interna. Deve-se relacionar isso com fatores socioculturais do desenvolvimento europeu em direção à igualdade democrática e com o fim das sociedades hierarquicamente estratificadas. Em consequência, na análise dos autores está implícita uma teoria sobre a modernidade.

7 Dois temas filosóficos são importantes como pano de fundo para os *insights* de Girard sobre o desejo mimético. A análise de Kojève da *Fenomenologia do Espírito*, de Hegel, é relevante, em especial no que se refere ao desejo de reconhecimento e à dialética do senhor e do escravo. De modo similar, há notórias afinidades entre o argumento de Girard e a narrativa de Max Scheler sobre o *ressentimento*, especialmente porque ambos aderem à crítica de Nietzsche sobre o cristianismo. Ao mesmo tempo, Girard difere de Scheler e Hegel em aspectos importantes.

O desejo é mimético

A teoria de Girard começa com a percepção da importância da mímesis no desejo humano, uma convicção a que ele chegou em 1959, enquanto trabalhava em seu primeiro livro, *Mentira Romântica e Verdade Romanesca*. Dessa forma, é necessário começar por uma explicação sobre o que ele entende por "mímesis".

Os cinco autores que Girard analisa naquele livro lidam com "o colapso do eu autônomo". O primeiro e talvez mais óbvio exemplo do que isso significa é *Dom Quixote*, ao qual voltaremos em breve. Contudo, como mencionado na introdução, esse estudo literário foi acompanhado por um "colapso" instantâneo para o próprio Girard, ou, pelo menos, um profundo abalo em suas crenças e valores. Numa entrevista, ele conta como abordou esse estudo "no modo de pura desmistificação: cínico, destrutivo, precisamente no espírito dos intelectuais ateus daquele tempo". No entanto, tal atitude de "desmascaramento" pode, talvez, voltar-se contra si. Se tudo o que encontrarmos nas outras pessoas for inautenticidade e má-fé, algo semelhante ao conceito religioso de pecado original se tornará evidente: "uma experiência de desmistificação, se suficientemente radical, é algo bastante parecido com uma experiência de conversão". Girard observou que a vida de vários grandes autores demonstra esse padrão e, no momento em que escrevia o último capítulo do livro, ele percebeu que estava passando pela própria experiência que estava descrevendo. Isso fez com que voltasse a ler os Evangelhos e reconhecesse que tinha se tornado cristão.

Girard enfatiza que isso era ainda apenas uma conversão intelectual e literária, e que era uma conversão bastante confortável. Quando, em 1959, Girard enfrentou um quisto cancerígeno na testa, o assunto tornou-se muito mais existencial. Sua conversão era agora genuinamente religiosa, e voltou à Igreja Católica durante a Quaresma daquele ano, a tempo de "uma verdadeira experiência pascal, uma experiência de morte e ressurreição". Agora ele se descreve como "um cristão comum".

Aqui reside a chave para entendermos os autores analisados em *Mentira Romântica e Verdade Romanesca*. Apesar da diferença de formações e filiações religiosas, eles têm em comum uma experiência de conversão, que deve também ser entendida como uma "experiência de morte e ressurreição". Para os próprios autores, essa experiência de colapso e recuperação pode ser implícita ou explicitamente religiosa. Para Girard, o tipo de acontecimento que ele descreve (seja entendido religiosamente ou não) é tão essencial para o trabalho deles, que ele considera ser constitutivo do tipo literário que chamamos "romance". Assim, ele estabelece um contraste entre "romance" e "romanesco": o romanesco diz-nos a verdade sobre o desejo humano, enquanto a literatura romântica apenas perpetua a inverdade sobre a autonomia e a estabilidade do desejo humano.

O primeiro autor analisado em *Mentira Romântica e Verdade Romanesca* é Miguel de Cervantes, criador de Dom Quixote. Quixote decidiu tornar-se um cavaleiro andante. Essa decisão foi o resultado do contato com a literatura cortês, e ele explica ao seu servo, Sancho Pança, por que decidiu tomar como exemplo Amadis de Gaula, o mais proeminente dos heróis literários sobre os quais ele vinha lendo:

> Quero, Sancho, que saibas que o famoso Amadis de Gaula foi um dos mais perfeitos cavaleiros andantes. Não disse

bem "foi um"; foi o único, o primeiro, o mais cabal, e o senhor de todos quantos em seu tempo no mundo nunca houve. Quando qualquer pintor quer sair famoso em sua arte, não procura imitar os originais dos melhores pintores de que há notícia? [...] Deste modo, Amadis foi o norte, o luzeiro, e o sol dos valentes e namorados cavaleiros, a quem devemos imitar, todos os que debaixo da bandeira do amor e da cavalaria militamos. Sendo pois isto assim, como é, acho eu, Sancho amigo, que o cavaleiro andante que melhor o imitar, mais perto estará de alcançar a perfeição da cavalaria.[1]

Ao permitir que esse personagem fictício escolha por ele todas as coisas que deve desejar, Dom Quixote abandona de maneira efetiva qualquer opinião independente própria. Ele não tem um "eu" independente. Girard ilustra isso geometricamente ao declarar que o desejo tem uma estrutura triangular. Em vez de o desejo ser uma relação linear única (sujeito A deseja o objeto B – "Quixote deseja ser um cavaleiro perfeito"), temos três elementos: A apenas deseja B porque C (nesse caso, Amadis de Gaula) direcionou sua atenção para ele. Uma vez que os desejos de Quixote são canalizados ou mediados por Amadis, o ponto C do triângulo é denominado "mediador" ou "modelo".

[1] Miguel de Cervantes apud René Girard, *Mentira Romântica e Verdade Romanesca*. São Paulo, É Realizações, 2009, p. 25-26.

Cervantes não é, obviamente, o primeiro autor a considerar o tema da mímesis. Uma longa tradição filosófica ocidental seguiu Aristóteles na *Poética* – "o homem se diferencia de outras formas de vida por sua capacidade de imitação". Todo o aprendizado humano, em especial a aquisição de linguagem, dá-se através da imitação. Aquilo em que Girard insiste e que foi negligenciado é um entendimento de imitação extenso o suficiente para incluir o *desejo*. Não é apenas a linguagem e os gestos externos, mas também o desejo que é condicionado por nossa natureza humana imitativa. Girard observa que alguns autores são inexplicavelmente ambíguos ou hostis em relação à mímesis; por exemplo, nenhum esclarecimento satisfatório foi dado em relação ao motivo pelo qual Platão (*República*, Livro 10) considera a mímesis perigosa ou problemática, e é precisamente esse mistério que Girard acredita ter desvendado. Antes de analisar os motivos, podemos primeiro considerar outra descrição de mímesis, dada por Jean-Michel Oughourlian, psiquiatra e colaborador de Girard:

> Assim como, no cosmos, os planetas, as estrelas e as galáxias são, a um só tempo, mantidos juntos e separados pela gravitação universal, a mímesis mantém os seres humanos a um só tempo unidos e separados, e assim garante a *coesão* do tecido social e a relativa *autonomia* dos membros que o compõem. Em física, é a força de atração, a gravidade que mantém unidos os corpos no espaço. Ela os precipitaria uns contra os outros impiedosamente,

em uma fusão terminal, se a gravitação universal não lhes conservasse a autonomia e, portanto, a existência, pelo *movimento*. Em psicossociologia, esse movimento da mímesis que autonomiza e que, de modo relativo, individualiza, se chama *desejo*. [...] Sempre pensei que o que se convencionou chamar de "eu" em psicologia era uma estrutura mutante, instável, em suma, de existência lábil. Continuo a pensar – em conformidade, nesse ponto, com as intuições hegelianas – que só o desejo leva esse eu à existência. Porque só o desejo é movimento, só ele me parece capaz de animar esse eu, de produzi-lo.

A primeira hipótese que eu gostaria de formular aqui é esta: *é o desejo que engendra o eu e que, com seu movimento, o leva à existência*. A segunda hipótese, que adotei sem reservas assim que tomei conhecimento dela, é que *o desejo é mimético*.[2]

Esse modelo de gravitação universal é memorável e facilmente compreensível, e nitidamente nos remete, mais uma vez, à descrição que Quixote fez de Amadis como "o norte, o luzeiro, e o sol" para qualquer um que deseje

---

[2] Jean-Michel Oughourlian, *The Puppet of Desire*. Palo Alto, Stanford University Press, 1991, p. 11-12. [Esse livro será publicado na Biblioteca René Girard. Trad. Lara Christina de Malimpensa.]

ser um cavaleiro perfeito. Chega até a sugerir a forma como falamos sobre a cultura moderna da celebridade – as "estrelas" e "superestrelas" que povoam o mundo do entretenimento, da mídia e do esporte são o foco de uma fascinação aparentemente infinita de seres humanos comuns, de forma que falamos de seu "poder de atração" à bilheteria, de sua ascensão e queda, etc. Além disso, o modelo planetário resume bem o espírito de toda a obra de Girard. Este insiste que, com a ideia de mímesis, ele acertou numa ideia simples, mas essencial e estruturante, uma ideia que transformará nossa forma de pensar sobre as ciências humanas, assim como as teorias da gravidade e da evolução alteraram radicalmente nosso entendimento da física e da biologia.

Por fim, esse modelo nos alerta sobre o lado mais escuro do desejo. "A mímesis mantém os seres humanos juntos e afastados." Como há atração, há repulsão. Assim como vimos na introdução, a investigação de Girard sobre o desejo está relacionada com uma questão mais ampla: por que, entre todas as formas de vida na criação, os seres humanos são aparentemente os mais violentos e propícios ao conflito? Girard deseja distanciar-se, no entanto, de teóricos que atribuem a uma força ou a um instinto agressivo a fonte dos conflitos humanos. Um dos motivos de seu desacordo é que ele trabalha com uma distinção entre *necessidades* ou *apetites*, que são "naturais", e *desejo*, que é muito mais condicionado pela cultura e pela interação social.

Um segundo tipo de teoria contra a qual Girard reage é a celebração romântica ou liberal do desejo *per se*, de acordo com a qual toda a angústia e a negatividade humanas são um efeito da distorção do desejo natural operada através de forças externas. A causa do conflito e da agressão é exterior ao eu, quer em condições sociais alienantes, quer no caso de uma figura paterna repressiva, etc. Se o fator externo for removido, o eu é "liberado" para exprimir seus desejos livremente. Assim como a descrição dada por Oughourlian sugere, essa concepção do eu como unidade autônoma está sendo bastante questionada por filósofos. Girard e outros referem-se polemicamente a ela como a "mentira romântica". Pelo contrário, o eu é "uma estrutura instável, evanescente e em constante mutação", cuja existência se deve ao desejo.

Santo Agostinho expressa isso teologicamente: "Senhor, nossos corações estão inquietos até que descansem em vós!". O fato é que as pessoas não sabem o que querem – e, portanto, imitam o desejo dos outros. Basta refletir sobre os gastos e a criatividade despendidos na publicidade – área que, a propósito, está se tornando mais direta do que nunca em relação às próprias estratégias miméticas. Exemplos recentes incluem o *slogan* de um grande centro comercial inglês, que declarou sem pudor algum: "Você quer – você compra – você esquece!", além do meu preferido, um cartaz de publicidade de jeans no qual uma modelo seminua franze as sobrancelhas desafiadoramente sobre o *slogan*: "Ninguém me diz o que usar!". De fato, qualquer tipo de mercado não é mais do que um mecanismo para uma mediação harmoniosa dos desejos. Se pensarmos num mercado de câmbio em que todos querem comprar euros, o meu "desejo" também será euros. Assim que o mercado trocar para dólares, minha preferência mudará "misteriosamente" de acordo. De fato, vários teóricos da economia tentaram usar a teoria mimética em suas análises do comportamento do mercado.

Sob uma perspectiva evolucionista, a adoção mimética do desejo do outro substituiu o comportamento instintivo como elemento determinante principal da ação humana. Isso é parte da explicação de Girard sobre o motivo pelo qual os seres humanos parecem ser muito mais inclinados ao conflito mortal do que outras formas de vida. Os mecanismos instintivos de "controle", que normalmente impedem uma escalada de conflitos entre animais, por exemplo, não estão presentes nos humanos. Como se isso não fosse preocupante o suficiente, a convergência de dois ou mais desejos sobre o mesmo objeto acarreta, inevitavelmente, um conflito potencial, que Girard resume da seguinte forma:

> Retomamos uma ideia antiga, cujas implicações, no entanto, talvez sejam mal conhecidas: o desejo é essencialmente mimético, ele imita exatamente um desejo modelo; ele elege o mesmo objeto que este modelo.
>
> O mimetismo do desejo infantil é universalmente reconhecido. O desejo adulto não tem nada de diferente, a não ser talvez pelo fato de que o adulto, especialmente em nosso contexto cultural, tem muitas vezes vergonha de modelar-se a partir de outrem; ele tem medo de revelar sua falta de ser. Declara-se altivamente satisfeito com ele mesmo;

apresenta-se como modelo aos outros.
Todos dizem: "Imitem-me", a fim de
dissimular sua própria imitação.

Dois desejos que convergem para um
mesmo objeto constituem obstáculo
recíproco. Qualquer mimese relacionada
ao desejo conduz necessariamente ao
conflito. Os homens são sempre parcialmente cegos para esta causa da rivalidade. O *mesmo*, o *semelhante*, nas relações humanas, evoca uma ideia de harmonia: temos os mesmos gostos, apreciamos as mesmas coisas, fomos feitos para nos entender. O que acontecerá se tivermos realmente *os mesmos desejos*? Apenas alguns grandes escritores interessaram-se por este tipo de rivalidade.[3]

Desde que o objeto de desejo seja possível para uso geral
– por exemplo, se meu amigo e eu queremos aprender a
mesma língua, ou ler o mesmo livro, ou ouvir a mesma
música –, não é necessário que o conflito surja. Entretanto, assim que o objeto é retirado dessa possibilidade
de fruição conjunta, como é o caso das relações sexuais
ou da disputa por prestígio social, a mímesis levará à
competição. Assim que o sujeito desejante quiser possuir
o objeto, a pessoa que primeiramente deu a conhecer o
objeto desejado torna-se um rival e um obstáculo. Uma

---

[3] René Girard, *A Violência e o Sagrado*. Trad. Martha Gambini. São Paulo, Paz e Terra, 2008, p. 184-85.

palavra usada por Girard para descrever o modelo que se torna rival é a palavra grega *skándalon*, escândalo, ou "pedra de tropeço".

Duas mãos se estendem, não exatamente ao mesmo tempo, para o mesmo objeto. O resultado é uma amarga competição, e até conflito aberto.

É impressionante a frequência com que essa simples fórmula ou imagem é usada por Girard, sobretudo no que concerne a crianças. Ele usa várias vezes o exemplo de crianças brincando num quarto cheio de brinquedos, em que surge uma discussão devido a duas ou mais crianças quererem brincar com o mesmo brinquedo, mesmo que haja vários. Repetindo, o desejo possui uma estrutura triangular. Na base do triângulo encontramos o sujeito desejante (que é também o imitador) e o objeto desejado. No ápice do triângulo temos o modelo, aquele que mostrou primeiramente que o objeto é desejável.

Também é importante observar que o modelo/obstáculo/rival não necessita ser de fato uma pessoa real. Na verdade, em três dos romancistas analisados por Girard, as paixões miméticas são despertadas pela leitura de literatura ficcional por parte do sujeito. Como vimos, Dom Quixote imita um herói fictício, Amadis de Gaula. Similarmente, em Flaubert: quando Madame Bovary embarca no primeiro de seus casos adúlteros, ela relembra extasiadamente a literatura romântica que havia alimentado seus desejos até aquele ponto:

> Mas, ao se ver no espelho, ficou espantada com o seu rosto. Nunca tinha tido

os olhos tão grandes, tão negros, nem de tamanha profundidade. Alguma coisa de sutil espalhada por sua pessoa a transfigurava.

Ela repetia a si mesma: "Eu tenho um amante! um amante!", deleitando-se com essa ideia como com a de outra puberdade que lhe tivesse advindo. Ia finalmente possuir aquelas alegrias do amor, aquela febre da felicidade de que já tinha perdido as esperanças. Estava entrando em algo de maravilhoso onde tudo seria paixão, êxtase, delírio; uma imensidão azulada a envolvia, os píncaros do sentimento faiscavam sob o seu pensamento, e a existência ordinária apenas aparecia ao longe, lá embaixo, na sombra, entre os intervalos daquelas alturas.

Então lembrou-se das heroínas dos livros que tinha lido, e a legião lírica daquelas mulheres adúlteras pusera-se a cantar em sua memória com vozes de irmãs que a encantavam. Tornava-se ela própria como uma parte verdadeira daquelas imaginações e realizava o longo devaneio de sua juventude, considerando-se o tipo de amante a quem tanto tinha invejado. Aliás, Emma experimentava uma satisfação de vingança. Não tinha acaso sofrido bastante! Mas triunfava agora, e o amor, tão longamente contido, jorrava inteiro com efervescências alegres. Saboreava-o sem remorsos, sem inquietude, sem perturbação.[4]

Essa ligação entre a leitura e o desejo também é explícita pelo narrador de *Em Busca do Tempo Perdido*, de Marcel Proust:

> Mas era incapaz de ver senão aquilo do qual a leitura me despertara a cobiça [...] Muitas vezes, já o sabia antes de me assinalar esta página dos Goncourt, deixei de notar coisas ou pessoas que, depois, ao me ser sua imagem apresentada na solidão por um artista, teria andado léguas, afrontando a morte para tornar a ver.[5]

Como Girard salienta, a palavra impressa tem um mágico poder de sugestão para o jovem Marcel, evidente em sua adulação do escritor Bergotte e estendendo-se até os cartazes teatrais que ele lia nos Champs-Elysées.

Para completar a investigação inicial sobre o desejo mimético, temos que acrescentar duas outras considerações. Vimos que Girard atribui ao desejo uma estrutura triangular: o desejo do sujeito por um objeto é mediado pelo desejo do modelo, de forma que A deseja B porque C o

---

[4] Gustave Flaubert, *Madame Bovary*. Trad. Mário Laranjeira. São Paulo, Penguin Companhia, 2011, p. 262-63.
[5] Marcel Proust, *Em Busca do Tempo Perdido: O Tempo Redescoberto*. Trad. Lúcia Miguel Pereira. 15. ed. São Paulo, Editora Globo, 2007, p. 28-29.

deseja. Contudo, não é estritamente verdade que o sujeito sempre deseja algum "objeto". O que realmente impele o indivíduo pode ser algo muito mais ilusório e impreciso: a busca por um estado quase transcendente de bem--estar, de satisfação, de autorrealização, que vai muito além da mera posse de qualquer objeto ou conjunto de objetos. Girard observa essa distinção ao referir-se a dois tipos ou graus de desejo mimético: um é a mímesis "de apropriação", na qual o desejo está centralizado em um objeto específico (o brinquedo da criança, por exemplo); e o segundo é o "desejo metafísico", presente quando não existe o desejo de algum objeto específico, mas sim o anseio indeterminado, mas insistente, da plenitude de "ser".

Em segundo lugar, vimos que Girard fala de uma experiência de "conversão" que os autores que ele escolheu vivenciam (ainda que isso não envolva necessariamente uma adesão religiosa explícita por parte dos romancistas em causa). Girard considera essa experiência crucial para a eficácia do gênero literário romance. Ele diferencia o "romanesco" do "romance" enquanto tipo literário que, respectivamente, revela a verdade sobre o desejo (mimético), e perpetua a "mentira romântica" relativamente à autonomia do desejo. O escritor tcheco Milan Kundera, em seu *A Arte do Romance*, escreveu de forma favorável sobre o desejo mimético. Girard cita Kundera quando diz que o desejo mimético é a destilação de "um tipo particular de sabedoria" que a cultura contemporânea e a razão instrumental têm dificuldade em reconhecer.[6] A obra mais importante de Kundera, *A Brincadeira*, na verdade,

---

[6] Hugo Assmann (org.), *Götzenbilder und Opfer*. Thaur, Lit Verlag, 1996, p. 289.

presta-se muito bem a uma análise girardiana, já que o enredo se centra na humilhante colocação do protagonista como "bode expiatório" público por parte de um zeloso tribunal comunista.

Quando o desejo se torna feio

Na segunda parte deste capítulo, ampliaremos e aprofundaremos nosso entendimento sobre a descoberta do desejo mimético por Girard, sobretudo quanto a seus aspectos mais obscuros ou conflituosos. Assim como os autores que Girard tem analisado, como Cervantes e Dostoiévski, outra importante fonte literária precisa ser apresentada. Não será a última vez neste livro que me referirei ao uso de Shakespeare por Girard para ilustrar sua teoria, em particular o ensaio *Shakespeare: Teatro da Inveja*. O próprio Girard salienta a importância do dramaturgo em todo o seu projeto quando escreve na introdução do livro: "Meu trabalho a respeito de Shakespeare está inexoravelmente relacionado a tudo que já escrevi, a começar por um ensaio sobre cinco romancistas europeus". Essa é uma afirmação bastante forte, portanto teremos que analisar suas implicações.

O argumento de *Shakespeare: Teatro da Inveja* consiste no fato de Shakespeare, no início de sua carreira, ter feito precisamente a mesma descoberta que Girard – que o desejo é mimeticamente configurado, embora Shakespeare usasse sua própria terminologia: "desejo sugerido", "desejo invejoso", "emulação" e, sobretudo, "inveja". À medida que sua carreira dramática progrediu,

Shakespeare não só aprendeu a apresentar versões cada vez mais complexas desse fenômeno, como também o fez de tal forma que elas poderiam posicionar-se lado a lado das interpretações "não miméticas" mais comuns, ou seja, mais populares das peças. Segundo Girard, o desafio que Shakespeare se coloca é escrever sobre emulação e outros temas, mas de uma forma indireta ou encoberta, para que consiga apelar a diferentes níveis de sofisticação entre sua audiência. Ironicamente, Girard observa: "Quanto a Shakespeare, ele logo percebeu que ostentar o desejo mimético como uma bandeira vermelha na frente do público não era o caminho certo para o sucesso (lição que aparentemente eu mesmo nunca aprendi)".[7]

As peças que mais atraem a atenção de Girard são *Sonho de uma Noite de Verão* e *Troilo e Créssida*. Antes destas, o padrão mimético básico fora estabelecido em *Os Dois Cavalheiros de Verona*, na qual dois grandes amigos se tornam rivais porque um despertou no outro uma paixão pela mesma mulher. Em *Sonho de uma Noite de Verão*, o tratamento desse mesmo tema é mais sofisticado e eficaz. Dos 38 capítulos de *Teatro da Inveja*, seis têm cenas dessa peça: Girard considera-a uma exposição tão completa do desejo mimético que diz que deveria ser uma "leitura obrigatória para antropólogos". Segundo a leitura mimética que Girard faz dessa peça, a noção clássica de amor estável e autônomo – à qual temos chamado "mentira romântica" – é impiedosa e persistentemente é tida como ridícula. O enredo é centrado em dois casais cujos

---

[7] René Girard, *Shakespeare: Teatro da Inveja*. Trad. Pedro Sette-Câmara. São Paulo, É Realizações, 2010, p. 43.

relacionamentos se entrelaçam, uma vez que os homens dos dois casais se apaixonam desesperadamente pela mulher do outro, ao mesmo tempo.

Por que isso acontece, e por que os laços eróticos se cruzam dessa forma? Um dos homens, Lisandro, declara que "Por tudo quanto tenho lido / ou das lendas e histórias escutado / em tempo algum teve um tranquilo curso / o verdadeiro amor.[8] (Mais uma vez temos alguém curvando-se à autoridade dos exemplos da ficção para declamar como é o "amor verdadeiro"!) Lisandro diz que as barreiras que tradicionalmente existem entre pessoas apaixonadas de verdade sempre têm origem no *exterior*: quer a oposição paterna (como parece tão ameaçadoramente no início da peça), quer a diferença de idade ou *status* social, quer apenas o destino (se pensarmos no "casal sem sorte" de *Romeu e Julieta*). Sob esse palavreado exuberante encontra-se o débil silogismo que Skakespeare questiona com veemência: "Todos esses casais verdadeiramente apaixonados da ficção enfrentaram dificuldades; nós também temos que enfrentar dificuldades; portanto, devemos ser casais verdadeiramente apaixonados".

Como acontece com frequência, os planos dos amantes em *Sonho* não se concretizam, mas não devido a algum dos obstáculos impostos, e sim por causa de um monte de fadas incompetentes e maldosas que são um pouco desajeitadas demais com sua poção do amor. A peça pode ser apreciada em um nível infantil, mas se a lermos como

---

[8] William Shakespeare, *Sonho de uma Noite de Verão*. In: *Teatro Completo: Comédias*. Trad. Carlos Alberto Nunes. Rio de Janeiro, Agir, 2008, p. 178.

adultos, diz Girard, Shakespeare está, na verdade, apresentando diante de nossos olhos a volatilidade do desejo mimético. (Quando, no final da peça, Puck declara: "João pega Joana", ele está sendo especialmente sarcástico.) Não devemos levar demasiado a sério as fadas desastradas: essa é uma peça para adultos, as raízes e os motivos das discórdias do casal podem ser encontrados neles e entre eles, e em nenhum outro lugar.

Porém, voltemos à análise como se desenvolve em *Mentira Romântica e Verdade Romanesca*. Até o momento vimos, de forma geral, a mecânica do desejo mimético, que pode ser vista como uma característica comum entre os escritores que Girard selecionou. Contudo, o verdadeiro significado dessa descoberta pode ser apreciado apenas quando observamos tanto as diferenças entre os autores como suas similitudes. Os cinco autores não estão posicionados exatamente na ordem cronológica, segundo a qual Proust deveria vir após Dostoiévski (veremos mais tarde o motivo pelo qual Girard os troca de posição), uma vez que temos uma análise geral do romance, que abrange o período moderno desde o início do século XVII até o século XX. Girard entende que cada autor estrutura o tema do desejo mimético de forma diferente devido a pressões e influências miméticas extremas cada vez mais sentidas durante o período moderno, pressões que são manifestas nas interações sociais e registradas nas obras escolhidas.

Em vez de analisar sucessivamente Cervantes, Flaubert, Stendhal, Proust e Dostoiévski, examinemos o argumento através da comparação entre o primeiro e o último destes autores. Obviamente, o personagem de Cervantes,

Dom Quixote, e os atormentados heróis e anti-heróis de Dostoiévski parecem viver em planetas diferentes. Sempre acreditamos que *Dom Quixote* é uma fábula cômica de um bobo equivocado que embarca em aventuras burlescas, mas felizmente não prejudica ninguém. O motivo é o relacionamento hierárquico entre o modelo e o imitador. Uma vez que o modelo é um personagem de ficção, nunca pode haver um conflito de rivalidade entre Dom Quixote e Amadis; a distância entre eles não pode ser ultrapassada. De igual modo, a distância social entre Dom Quixote e seu reconhecido pupilo e criado, Sancho Pança, impede qualquer tipo de conflito entre eles. A obra termina sem violência.

Essa forma segura de mímesis é denominada "mediação externa" ou "mímesis externa". Desde que as diferenças sociais ou outras distinções sejam capazes de canalizar o desejo mimético, a potencialidade de conflito nunca se concretiza. Mais uma vez, isso pode ser expresso através do triângulo, que é a principal figura geométrica do desejo mimético: se pensarmos em um triângulo isósceles, com o modelo ou mediador em seu ápice, níveis de mediação podem ser expressos na distância entre o ápice e a base. Na mediação externa "segura", temos um triângulo alto, com uma clara distância entre o mediador e o sujeito. Se o triângulo for mais curto, teremos a situação mais perigosa de "mediação interna", em que sujeito e modelo estão, literalmente, perto demais para que possa existir uma convivência pacífica.

Em Dostoiévski, temos esse padrão triangular. Os personagens circulam no mesmo estrato social, e somos confrontados com um mundo muito mais frenético dotado de uma destrutiva interação mimética – que culmina no alegado patricídio em *Os Irmãos Karamazov*. Aqui encontramos um desejo rival entre indivíduos que disputam freneticamente o mesmo espaço social. Conheçam o "Homem do Subsolo": "Sou um homem doente [...] Um homem mau. Um homem desagradável. Creio que sofro do fígado".[9]

O locutor é o anti-herói mal-humorado sem nome de *Memórias do Subsolo*, que Dostoiévski descreve como "este homem real da maioria russa". Ele é um burocrata insignificante, um homem consumido por uma feroz obsessão pela opinião que os outros têm dele, que se sente nauseado pela companhia de seus colegas e, ao mesmo tempo, desesperadamente fascinado e atraído por eles. Ele passa meses pensando em como se vingar de um oficial militar que o humilhou em público. Mais tarde, em uma cena extremamente cômica, o "Homem do Subsolo", embriagado, invade um banquete de antigos colegas da escola, agora oficiais militares e funcionários públicos como ele, a quem ele abomina e despreza, mas cuja companhia ele não suporta não ter. Ele irrita e ofende com sua presença como uma mariposa que bate continuamente contra uma lâmpada:

> Eu sorria com desdém e fiquei andando do outro lado da sala, ao longo da parede, bem em frente ao divã, fazendo o percurso da mesa à lareira e

---

[9] Fiódor Dostoiévski, *Memórias do Subsolo*. Trad. Boris Schnaiderman. São Paulo, Editora 34, 2000, p. 15.

vice-versa. Queria mostrar, com todas as minhas forças, que podia passar sem eles; no entanto, batia, de propósito, com as botas no chão, apoiando-me nos saltos. Mas tudo em vão. Eles não me dispensavam absolutamente qualquer atenção. Tive a pachorra de ficar andando assim, bem diante deles, das oito às onze, sempre no mesmo lugar, da mesa à lareira e da lareira de volta à mesa. "Estou andando assim, e ninguém me pode proibir de fazer isso." [...] Era impossível rebaixar-me de modo mais desonesto e deliberado. Eu compreendia isto perfeitamente, mas assim mesmo continuava a caminhar da mesa à lareira e vice-versa. "Oh, se ao menos soubessem que sentimentos e ideias sou capaz e como sou culto!", pensava por instantes, dirigindo-me, mentalmente, ao divã, onde estavam sentados os meus inimigos. Mas os meus inimigos comportavam-se como se eu nem estivesse na sala. Uma vez, uma única vez, voltaram-se na minha direção, justamente quando Zvierkóv se pôs a falar de Shakespeare, e eu soltei de repente, com desprezo, uma gargalhada. Fi-lo de modo tão falso e feio que eles interromperam simultaneamente a conversa e puseram-se a observar em silêncio, durante uns dois minutos, sérios, sem rir, a minha caminhada ao longo da parede, da mesa à lareira, e como eu *não lhes prestava nenhuma atenção.* Mas nada resultou daquilo: não disseram palavra e, dois minutos depois, novamente me deixaram de lado.[10]

Comparem essa passagem com a descrição de Proust (em *À Sombra das Raparigas em Flor,* citada em *Coisas Ocultas*), de turistas passeando à margem do mar em Balbec:

> Todas essas pessoas [...] fingiam não se ver, para dar a entender que não se preocupavam umas com as outras, mas olhando à esquiva, para evitar encontrões, as pessoas andando a seu lado, ou vindo em sentido inverso, não obstante se chocavam com elas, enredavam-se nelas, pois tinham sido reciprocamente, de sua parte, alvo da mesma atenção secreta, oculta sob o mesmo desdém aparente.[11]

Girard recorre a outra história de Dostoiévski, *O Eterno Marido*. O "eterno marido" do título é Trussótzki, cuja mulher acaba de morrer. Ela havia tido dois amantes, um dos quais também morre: Trussótzki comparece ao seu cortejo fúnebre, onde demonstra uma dor extremamente extravagante. O viúvo se liga, então, da forma mais bizarra, ao outro amante, Vieltchâninov, por quem

---

[10] Ibidem, p. 94-95.
[11] Marcel Proust apud René Girard, *Coisas Ocultas desde a Fundação do Mundo.* Trad. Martha Gambini. São Paulo, Paz e Terra, 2009, p. 351-52.

está claramente fascinado. Sem ter sido convidado, ele o visita no meio da noite, bebe à sua saúde, beija-o nos lábios. Resumindo, o amante de sua mulher tornou-se seu modelo, mediador e obstáculo. Trussótzki move-se em torno dele como um planeta em volta do Sol.

O enredo torna-se ainda mais inusitado quando Trussótzki se apaixona outra vez e declara querer casar-se novamente. Ele pede a Vieltchâninov que o ajude a escolher um presente para sua amada e também que o acompanhe em uma visita a ela. O que era previsível acontece: Vieltchâninov seduz a noiva e sua família, de modo que Trussótzki passa a ser totalmente ignorado.

Isso parece o tipo de comportamento mais masoquista possível; de fato, o eterno marido é incapaz de amar alguém a não ser que sua escolha seja ratificada e aprovada por seu modelo rival. Vieltchâninov é um perfeito "Don Juan" e, sem sua aprovação, a mulher torna-se desinteressante para Trussótzki. Ele anseia ser, ou mesmo ultrapassar, seu rival e ter o sucesso dele com as mulheres; mas, como sempre fracassa, nunca consegue escapar da influência de Vieltchâninov. A triangularidade do desejo do eterno marido é reafirmada no final da obra, quando o narrador (que é o próprio Vieltchâninov) encontra Trussótzki, anos mais tarde, com sua nova e encantadora mulher na companhia de um vistoso jovem oficial. Como Girard observa em seu último livro sobre Dostoiévski: "O masoquista é sempre o fascinado artífice de sua própria desgraça":

> Por que ele se precipita assim na humilhação? Porque é imensamente vaidoso

e orgulhoso. A resposta é paradoxal apenas na aparência. Quando Trussótzki descobre que sua mulher prefere outro, o choque que sofre é terrível, pois ele se impusera a tarefa de ser o centro e o umbigo do universo. O homem é um antigo proprietário de servos; é rico; vive em um mundo de senhores e escravos; é incapaz de considerar um meio-termo entre dois extremos; o menor fracasso condena-o portanto à servidão. Marido enganado, consagra-se ele mesmo à negação sexual. Depois de se ter concebido como um ser de que irradiavam naturalmente a força e o sucesso, ele se vê como um dejeto e daí seguem-se inevitavelmente a impotência e o ridículo.[12]

Deveria ficar claro apenas por essas duas histórias que o autor russo oferece uma exposição notável da mais extrema das interações miméticas, o que justifica que Girard tenha colocado Dostoiévski no clímax de *Mentira Romântica e Verdade Romanesca*. Porque a distância entre o herói e o modelo foi diminuída, o potencial tanto para o fascínio mórbido como para a rivalidade e a violência é intensificado.

O contraste entre a interação mimética em Cervantes e Dostoiévski é como dia e noite. E mesmo assim, ambos os escritores, segundo Girard, procuram ilustrar o mesmo

---

[12] René Girard, *Dostoiévski: Do Duplo à Unidade*. Trad. Roberto Mallet. São Paulo, É Realizações, 2011, p. 42-43.

mecanismo psicológico: o desejo mimético. Por que, então, existe uma diferença tão gritante entre eles?

Uma possível resposta são as diferenças sociais e culturais que separam o escritor do século XVII do autor do século XIX. Esse período testemunhou a erosão daquelas fronteiras hierárquicas que impediram Dom Quixote e Sancho Pança de entrarem em conflito. Aludimos a isso na distinção girardiana de mediação "externa" e "interna". Esse aumento de potencialidade do desejo mimético de Cervantes a Dostoiévski espelha o desenvolvimento em nosso mundo moderno, no qual a diferenciação há muito estabelecida foi corroída devido à igualdade e à democracia. Desse modo, a mímesis encontra cada vez menos barreiras; no lugar da mediação externa, temos cada vez mais a mediação interna. Este mundo é caracterizado por competição, rivalidade, inveja e ciúme intensos.

Leviatã, de Thomas Hobbes, apresenta um diagnóstico dessa condição. Para o autor, o problema começa com a natureza competitiva do mundo moderno e com sua inevitável lógica de mímesis de apropriação. No capítulo 13, "Da Condição Geral da Humanidade Relativamente a sua Felicidade e Miséria", Hobbes escreveu:

> Desta igualdade quanto à capacidade deriva a igualdade quanto à esperança de atingirmos nossos fins. Portanto, se dois homens desejam a mesma coisa, ao mesmo tempo que é impossível ela ser gozada por ambos, eles tornam-se inimigos. E no caminho para seu fim

(que é principalmente sua própria conservação, e às vezes apenas seu deleite) esforçam-se por se destruir ou subjugar um ao outro [...].

Além disso, os homens não tiram prazer algum da companhia uns dos outros (e sim, pelo contrário, um enorme desprazer), quando não existe um poder capaz de intimidar a todos. Porque cada um pretende que seu companheiro lhe atribua o mesmo valor que ele se atribui a si próprio [...].

De modo que na natureza do homem encontramos três causas principais de discórdia. Primeiro, a competição; segundo, a desconfiança; e terceiro, a glória.[13]

Com "desconfiança", Hobbes refere-se à cautela que as pessoas mostram umas em relação às outras, já que temos a mesma capacidade e ninguém é visivelmente melhor do que os outros. Essa desconfiança é simultaneamente fonte de autoafirmação, uma vez que cada um deseja a estima ou o "reconhecimento" dos outros. Como Hobbes descreve de forma memorável logo após essa passagem, isso significa que o estado "natural" da humanidade é de guerra generalizada, tema que trataremos no próximo capítulo.

---

[13] Thomas Hobbes, *Leviatã*. Trad. João Paulo Monteiro e Maria Beatriz Nizza da Silva. São Paulo, Martins Fontes, 2003, p. 107-08.

De acordo com Girard, essas pressões miméticas tornam-se intoleráveis, de forma que no século XIX a enfermidade tem já um nome próprio: o "Homem do Subsolo" e Trussótzki, como inúmeros outros heróis de Dostoiévski, sofrem de *ressentimento*. A vida afetiva do herói é emprestada ou ditada por outra pessoa – com consequências turbulentas.

Talvez aqui um exemplo mais familiar seja o personagem de Antonio Salieri na peça e no filme de Peter Schaffer, *Amadeus*. A peça é sobre a vida de Mozart contada da perspectiva de Salieri, compositor da corte imperial. Ele dedicou sua vida e música a Deus, apenas para ser confrontado, em rivalidade, com um devasso (Mozart) e, no entanto, brilhante gênio. A comparação é desastrosa: Salieri, convencido de que Deus zomba dele, renuncia à sua religiosidade e decide frustrar os propósitos de Deus ao destruir sua "criatura". No final do drama, Salieri (encarcerado em um hospício por causa de seu ciúme obsessivo) proclama-se "santo padroeiro da mediocridade". Mais precisamente, ele se classifica, com o Eterno Marido e o Homem do Subsolo, como um dos santos padroeiros do *ressentimento*.

Contexto filosófico

Até agora, a primeira fase da teoria mimética – a descoberta de que o desejo é mimético – tem sido apresentada através da leitura que Girard faz de romancistas fundamentais e do drama de Shakespeare. O restante deste capítulo examinará a teoria de Girard à luz de outras abordagens filosóficas do mesmo tema. É claro que escritores existencialistas como Sartre e Camus foram muito

influentes para Girard, porém outros dois textos serão
aqui considerados como forma de apurar diferentes argumentos da teoria mimética: *Fenomenologia do Espírito*,
de Hegel (como interpretado por Kojève), e *Ressentimento*, de Max Scheler.

A *Fenomenologia do Espírito* de Hegel lida com dois
temas importantes para o projeto de Girard: o desejo de reconhecimento (*Anerkennung*) e a dialética do
senhor e do escravo. A "versão" de Hegel que nos diz
respeito é a interpretação dada por Alexandre Kojève
em uma série de famosas palestras realizadas em Paris
entre 1933 e 1939, que entusiasmou e influenciou uma
geração de importantes pensadores, incluindo Hannah Arendt, George Bataille, Maurice Merleau-Ponty e
Jacques Lacan. René Girard leu o texto das palestras de
Kojève enquanto escrevia *Mentira Romântica e Verdade
Romanesca*, em 1959.

Assim como Girard, Hegel atribui importante papel ao
desejo no âmbito da formação do eu. Seu argumento,
como resumido por Kojève, é o seguinte: a afirmação de
Hegel de que "o ser humano é autoconsciência" requer
uma análise do sujeito que vai além do "penso, logo
existo", de Descartes; o ser humano é mais que um sujeito *pensante*. Para ser capaz de dizer "eu", um sujeito
precisa ter desejo, e este tem que ser por um objeto
não natural, para que o homem possa transcender sua
natureza animal. Para Hegel, o único candidato possível para tal objeto é o *desejo de outro*. Isso significa ser
reconhecido pelo outro, posicionar-se como o objeto do
desejo de outrem. Para Hegel, a autoconsciência é uma
função do desejo de reconhecimento:

O desejo é humano – ou, mais precisamente, "humanizante", "antropogenético" – desde que seja direcionado a outro *desejo* e ao desejo de *outrem*. Para ser *humano*, o homem tem que agir não para subjugar uma *coisa*, mas para subjugar um outro *desejo* (pela coisa). O homem que deseja uma coisa age humanamente não tanto para possuir a coisa quanto para fazer com que outro *reconheça* seu *direito* – como será dito mais tarde – àquela coisa, para fazer com que outro o reconheça como *dono* da coisa. E ele faz isso – em última análise – para fazer com que o outro reconheça sua *superioridade* em relação a ele. É apenas o desejo por tal *reconhecimento* (*Anerkennung*), apenas a ação que deriva de tal desejo, que cria, concretiza e revela um eu *humano* não biológico.[14]

O desejo de reconhecimento do sujeito é tão esmagador que ele está preparado para lutar por seu desejo até a morte – como todos os outros sujeitos concorrentes, que, similarmente, lutam por reconhecimento. Dessa forma, para Hegel, a existência humana é impensável sem a presença de guerras sangrentas por prestígio, conflitos nos quais, paradoxalmente, "o homem arrisca sua vida biológica para satisfazer seu desejo *não biológico*".[15]

---

[14] Alexandre Kojève, *Lectures on Hegel's Phenomenology of Spirit*. Nova York, Basic Books, 1969, p. 40.
[15] Ibidem, p. 41.

De fato, uma luta assim ocorreu muito próximo a Hegel, por assim dizer, enquanto ele escrevia *Fenomenologia*: em 1806, as tropas de Napoleão enfrentavam o exército prussiano para se encontrarem na batalha de Jena.

No entanto, embora o sujeito esteja preparado para lutar e perder sua vida, não seria produtiva uma luta em que todos os combatentes são mortos, à exceção do solitário vencedor. Aquele vencedor não seria mais um ser *humano*, uma vez que a realidade humana consiste no reconhecimento de um homem por parte de outro. Assim, uma pessoa apenas pode postular uma guerra na qual ambos os adversários permaneçam vivos, mas em que um se renda a outro – um vencedor que se torna o senhor dos vencidos.

"O vencido subordinou seu desejo humano por reconhecimento ao desejo biológico de preservar sua vida; isto é o que determina e revela – a ele e ao vencedor – sua inferioridade", ao passo que relativamente ao senhor o verdadeiro é o oposto.[16] Para Kojève, essa dialética do senhor e do escravo é a chave para entender a *Fenomenologia*. A vontade do senhor de apostar sua vida e o despreparo do escravo para fazê-lo é o que estabelece a hierarquia entre eles. Contudo, isso não é o fim da história. O senhor é reconhecido como vencedor, mas apenas pela percepção do escravo, o que é revestido de pouco valor para ele. "A vitória é um impasse existencial."[17]
No entanto, o escravo é forçado a trabalhar pelo senhor, mas esse trabalho possibilita-lhe, com o tempo, construir

---

[16] Ibidem, p. 42.
[17] Ibidem, p. 46.

uma consciência independente. Ele trabalha diretamente sobre o mundo para transformá-lo, e aos poucos toma consciência das contradições de sua situação. Contrariamente ao senhor, o escravo pode progredir. Há três fases, ou ideologias, em que isso pode ocorrer: estoicismo, ceticismo e "consciência insatisfeita". Todas são tentativas do escravo de reconciliar seu sentido de liberdade com a condição objetiva de escravidão.

Como foi mencionado anteriormente, Girard leu as palestras de Kojève sobre Hegel enquanto escrevia seu livro, e é possível observar vários paralelos estruturais com sua própria teoria mimética. Acima de tudo, é enfaticamente relatada a ligação entre desejo (que é estruturado mimeticamente) e conflito (o desejo de reconhecimento; a dialética do senhor e do escravo).

Entretanto, é necessário salientar algumas importantes diferenças entre Hegel e Girard. Eles discordam, sobretudo, no entendimento de desejo: Hegel fala de "desejar o desejo do outro" (em outras palavras, eu desejo que o outro deva desejar = reconheça-me), enquanto a teoria mimética de Girard defende que "eu desejo de acordo com o outro" (meu desejo é determinado pelo que o outro deseja – eu desejo o mesmo objeto que ele, independentemente do que seja). Girard também expressa apreensão sobre a relação necessária que Hegel estabelece entre desejo e destruição ou negação. Hegel coloca a violência no centro de seu sistema, e de fato sacraliza-a, sendo incapaz de oferecer uma solução para a problemática da violência.

Como veremos nos próximos capítulos, Girard confere à revelação cristã, vista de maneira positiva, uma posição cada vez mais proeminente em seu pensamento. Em *Mentira Romântica e Verdade Romanesca*, essa preferência é mais implícita, mas é evidente no contraste que faz entre a "dialética hegeliana" e a "dialética romanesca" (isto é, processo de iluminação e conversão que ele identifica nas obras de Proust, Dostoiévski e outros). Parece que Hegel e Girard falam de estados semelhantes de alienação, mas existe uma diferença significativa entre eles. A filosofia "*prometeica*" de Hegel celebra a força positiva do sujeito para sair da alienação e seguir rumo à autorrealização, enquanto a imaginação "romântica" viu além desse sonho e não mais acredita nele:

> A consciência infeliz de Hegel e o *projeto* sartriano de ser Deus são o fruto de uma orientação teimosa em direção ao além, de uma incapacidade de abandonar os modos religiosos do desejo quando estes são ultrapassados pela história. Também a consciência romanesca é infeliz, porque sua necessidade de transcendência sobrevive à fé cristã. Mas as semelhanças param por aí. Aos olhos do romancista, o homem moderno não sofre porque se recusa a tomar uma consciência plena e íntegra de sua autonomia, ele sofre porque essa consciência, real ou ilusória, lhe é intolerável. A necessidade de transcendência procura satisfazer-se no aquém e arrasta o herói em todo tipo de loucuras. Stendhal e Proust, por descrentes que sejam, se separam nesse ponto de Hegel e Sartre para se unirem

a Cervantes e Dostoiévski. O filósofo prometeico não vê na religião cristã senão um humanismo ainda muito tímido para se afirmar plenamente. O romancista, seja ele cristão ou não, vê no pretenso humanismo moderno uma metafísica subterrânea, incapaz de reconhecer sua própria natureza.[18]

A "metafísica subterrânea" a que Girard se refere reintroduz o tema do *ressentimento*, exemplificado, como vimos, na figura do "Homem do Subsolo", de Dostoiévski (*Memórias do Subsolo*, incidental, e talvez não surpreendentemente, impressionou Friedrich Nietzsche). Um estudo clássico, para não dizer idiossincrático, *Ressentimento*, do filósofo alemão Max Scheler (publicado pela primeira vez em 1912), faz uma análise completa do fenômeno, que ele caracteriza da seguinte forma:

> *Ressentimento* é um veneno para a mente que tem causas e consequências bastante precisas. É uma atitude mental permanente causada pela repressão sistemática de certas emoções e afetos que, como tal, são componentes naturais da natureza humana. Sua repressão leva à tendência constante de ceder perante certos tipos de delírios de valores e juízos de valor correspondentes. Emoções e afetos que

---

[18] René Girard, *Mentira Romântica e Verdade Romanesca*. São Paulo, É Realizações, 2009, p. 186-87.

fundamentalmente estão envolvidos são a vingança, o ódio, a maldade, a inveja, o impulso de prejudicar e o rancor.[19]

Scheler deseja examinar a afirmação de Nietzsche de que o ressentimento é uma fonte de juízos morais e, apesar de considerar isso uma noção plausível, ele não está convencido pela declaração de Nietzsche, em *Genealogia da Moral*, de que o amor cristão é a mais delicada "flor do ressentimento". Duas passagens de *Genealogia da Moral* dão uma ideia do argumento de Nietzsche:

> A rebelião escrava na moral começa quando o próprio *ressentimento* se torna criador e gera valores: o ressentimento dos seres aos quais é negada a verdadeira reação, a dos atos, e que apenas por uma vingança imaginária obtém reparação. Enquanto toda moral nobre nasce de um triunfante sim a si mesma, já de início a moral escrava diz não a um "fora", um, "outro", um "não eu"; e esse não é o seu ato criador.[20]

Nietzsche afirma que o cristianismo (ostensivamente a forma mais exaltada de religião amorosa) é, de fato, "o modo mais puro de *ressentimento*, uma previdente e subterrânea vingança". Certamente, se Hegel apresenta um sistema que é apenas superficialmente cristão, então

---

[19] Max Scheler, *Ressentiment*. Marquette Studies in Philosophy, 2003, p. 29.
[20] Friedrich Nietzsche, *A Genealogia da Moral*. Trad. Paulo César de Souza. São Paulo, Companhia das Letras, 2008, p. 28-29.

a oposição de Nietzsche ao cristianismo é, no mínimo, manifesta. Na verdade, para Girard essa oposição é frutífera, uma vez que ele assume o desafio da expressão de Nietzsche, "Dioniso *versus* o 'Crucificado'".

– Mas vocês não compreendem? Não têm olhos para algo que necessitou dois mil anos para alcançar a vitória? [...] Mas *isto* é o que aconteceu: do tronco daquela árvore da vingança e do ódio, do ódio judeu – o mais profundo e sublime, o ódio criador de ideais e recriador de valores, como jamais existiu sobre a terra – dele brotou algo igualmente incomparável, um novo amor, o mais profundo e sublime de todos os tipos de amor – e de que outro tronco poderia ele ter brotado? [...] Mas não se pense que tenha surgido como a negação daquela avidez de vingança, como a antítese do ódio judeu! Não, o contrário é a verdade! O amor brotou dele como sua coroa, triunfante, estendendo-se sempre mais na mais pura claridade e plenitude solar, uma coroa que no reino da luz e das alturas buscava as mesmas metas daquele ódio, vitória, espólio, sedução, com o mesmo impulso com que as raízes daquele ódio mergulhavam, sempre mais profundas e ávidas, em tudo que possuía profundidade e era mau.[21]

---

[21] Ibidem, p. 26-27.

Girard aprova a tentativa de Scheler de desafiar a identificação que Nietzsche estabelece entre o sentimento religioso cristão e o *ressentimento*. Para Girard, o fracasso de Scheler em conseguir isso se deve à sua incapacidade de compreender a natureza mimética do desejo; ele não é capaz de encaixar as peças, apesar de ter feito um trabalho admirável ao identificá-las. De qualquer forma, seu estudo do fenômeno do *ressentimento* e de seu significado para a compreensão da era moderna faz dele um proveitoso parceiro de discussão filosófica no contexto da articulação da teoria mimética.

Girard declarou que, em geral, pode dizer-se que seu projeto é "contra – ou anti – Nietzsche", ainda que o filósofo alemão tenha entendido a unidade do cristianismo de uma forma que poucos dos seus contemporâneos foram capazes. Em um ensaio de 1978, intitulado "Strategies of Madness – Nietzsche, Wagner, and Dostoevsky", Girard explora o bizarro relacionamento entre Nietzsche e Richard Wagner. A adoração de Nietzsche pelo compositor revela um fascínio mimético não menos intenso que aquele do Eterno Marido encantado pelo amante de sua mulher, ou o Homem do Subsolo em relação aos colegas que ele simultaneamente despreza e adora. A autoidentificação de Nietzsche com Dioniso e Cristo, alternadamente, à medida que sua sanidade o abandona, é mais um indicador de que seu entendimento do *ressentimento* é um conhecimento adquirido em decorrência de um considerável custo pessoal. Em 1984, em um ensaio intitulado "Nietzsche contra o 'Crucificado'" (reeditado em *Girard Reader*), o autor francês disse:

> Esses últimos fragmentos [do trabalho de Nietzsche] são o auge do *ressentimento* no sentido em que o colapso final também o é. A superioridade de Nietzsche em relação ao século dele e ao nosso pode ser de tal forma que ele sozinho tenha incitado o *ressentimento* que ele partilha com vários mortais inferiores, dando origem ao seu fruto mais maligno e significante. Nenhuma das conquistas de Nietzsche como pensador pode ser dissociada do *ressentimento*, quer o sujeito seja Wagner, o divino, ou o próprio Nietzsche em *Ecce Homo*.[22]

A questão de Nietzsche, *ressentimento* e cristianismo, é sabiamente resumida da seguinte forma:

> *Ressentimento* é a interiorização da vingança enfraquecida. Nietzsche sofre tanto disso que o confunde com a forma original e primária de vingança. Ele vê o *ressentimento* não apenas como filho do cristianismo, o que certamente é, mas também como seu pai, o que certamente não o é.[23]

No entanto, no mesmo ensaio Girard relativiza todo o problema do *ressentimento* quando nos lembra que em comparação com a ameaça de holocausto nuclear do

---

[22] James Williams (org.), *The Girard Reader*. Nova York, Crossroad, 1996, p. 246.
[23] Ibidem, p. 252.

século XX (e, de fato, podemos acrescentar, do derramamento de sangue que se deu logo após a morte de Nietzsche), o "*ressentimento* e outros aborrecimentos do século XIX tornam-se insignificantes". Existe um tipo de vingança tão genuína e tão completamente destrutiva que o *ressentimento* é somente uma expressão enfraquecida dela. Apenas uma sociedade relativamente pacífica e estável teria tempo livre para se preocupar com ele. Se Nietzsche tivesse conhecido os verdadeiros horrores que viriam depois de sua morte, e com os quais as próprias teorias seriam associadas, talvez o tema do *ressentimento* tivesse sido bem menos proeminente em seu trabalho.

capítulo 2
o mecanismo do bode expiatório

Resumo do capítulo

1 Em *A Violência e o Sagrado* (1972), Girard estende a teoria da violência interpessoal estabelecida em seu trabalho anterior a uma teoria mais geral sobre o comportamento social. Ele nos apresenta um entendimento do "sagrado" como o meio através do qual a rivalidade mimética de uma sociedade e sua consequente agressão são contidas.

2 O que Girard descreve como "mecanismo do bode expiatório" tem importante papel no estabelecimento e na manutenção da ordem social. No nível cósmico, a ação de expulsar violentamente ou destruir uma vítima dá origem às distinções sociais e culturais mais fundamentais, começando pela distinção essencial entre sagrado e profano. Similarmente, entende-se que as divisões mais básicas da fundação da ordem política estão relacionadas com a canalização da violência, quer para dentro (em direção a um bode expiatório), quer para fora (em direção a um inimigo comum). Ésquilo e Shakespeare ilustram esse tema.

3 O "mecanismo do bode expiatório" é, na verdade, um processo social que se manifesta da seguinte forma: quando a ordem cultural é desestabilizada e posta em perigo pela intensificação do desejo mimético, uma sociedade inteira pode ser levada a uma crise. A crise ameaça uma guerra de "todos contra todos", como descrito no violento "estado de natureza" de Thomas Hobbes. Em tal crise, uma obsessão coletiva toma conta de todo o grupo, um tipo de possessão que Girard descreve como "duplos monstruosos" ou "indiferenciação".

4 Essa crise não pode ser resolvida da forma como sugerem Thomas Hobbes e outros autores, quando pressupõem um contrato social racional entre os combatentes. Em vez disso, segundo Girard, a crise é resolvida através de uma reorganização da agressão "todos contra um". Um problema que surgiu devido à interação mimética é solucionado da mesma forma: por uma pessoa, depois outra e, por fim, o grupo inteiro apontando o dedo à alegada causa de distúrbio. Depois, o grupo é novamente unificado para expulsar e destruir a vítima. Ou o grupo encontra um foco externo para sua agressão, um "inimigo externo" que, similarmente, os une.

5 Como resultado de a agressão ser ampliada dessa forma, o grupo vivencia uma transcendência e harmonia que parecem vir de "fora"; a harmonia recentemente encontrada vem a ser atribuída, de forma misteriosa, à vítima expulsa, que, portanto, adquire um espírito "sagrado", e até mesmo um *status* divino. Embora inocente no que respeita ao grupo, essa vítima, depois da morte ou expulsão, é vista simultaneamente como

boa e perversa – ou seja, como sagrada, uma vez que é vista tanto como incitadora quanto como solucionadora da crise. Isso é denominado "dupla transferência".

6 Fenômenos religiosos fundamentais como proibições (tabus), rituais (sacrifícios) e mitos têm todos a função de ajudar a comunidade a "conter" sua violência mimética – mesmo que pareçam fazê-lo através de meios contraditórios. As proibições isolam ou põem em "quarentena" objetos ou comportamentos que são potenciais fontes de conflito. Em contrapartida, os rituais (em especial o sacrifício) são um relaxamento momentâneo dos tabus, por meio dos quais a comunidade se permite uma dose "aceitável" de violência e caos, da mesma forma que uma pequena dose de um vírus pode imunizar contra a doença em sua forma mais violenta. Os mitos são tipicamente racionalizações ou relatos disfarçados de um ato de violência real, a verdade que o grupo precisa ocultar ou dissociar dele mesmo.

7 A descrição de religião aqui apresentada é resumida pela declaração de que "a violência é o coração e a alma secreta do sagrado". Ao unir literatura e mito, Girard estabelece uma ligação entre desejo mimético e vitimização (também denominada "mecanismo vitimário"), que constitui uma teoria sobre as origens religiosas e sociais. Existe uma relação clara entre esse tipo de descrição e aquela estabelecida em *Totem e Tabu*, em que Sigmund Freud também postula um "assassinato fundador" sem, contudo, estar numa posição em que possa articular isso satisfatoriamente na forma de uma vítima expiatória.

A vida e a obra de cinco grandes romancistas permitiram a René Girard formular seu entendimento de que o desejo é mimético. Na medida em que Cervantes, Flaubert e os outros tomaram consciência desse fato antropológico, eles experimentaram um tipo de "conversão": uma palavra apropriada, uma vez que a experiência é normalmente relatada em seus romances por meio de imagens e linguagem religiosas, apesar de os próprios autores terem devoções religiosas muito diferentes. Assim que reconhecemos que o desejo é mimético, podemos entender por que os desejos de duas ou mais pessoas podem facilmente convergir para o mesmo objeto. Quando o objeto pode ser partilhado entre as partes desejantes, não há problema, mas, se não é esse o caso, então a rivalidade pode surgir (e em especial) entre pessoas que até aquele momento tinham amizade ou mesmo um relacionamento muito próximo.

Girard aborda grandes obras literárias, insistindo que elas podem constituir um guia para a verdade humana mais seguro que as ciências humanas e sociais da atualidade. Isso o coloca em desacordo com muitos teóricos filosóficos e estéticos contemporâneos, de acordo com os quais os textos literários apenas podem relacionar-se com outros textos de ficção, não devendo ser lidos como se tivessem alguma base em situações éticas ou religiosas genuínas. Assim, desde o início somos confrontados com uma importante decisão: a literatura tem alguma relação com a realidade da vida humana? Será que podemos mesmo aprender com escritores como Dostoiévski, Proust e Shakespeare sobre como são os seres humanos e sobre como devemos conduzir nossa vida? Deve-se observar também que Girard não mostra muito interesse por toda a literatura, mas apenas por alguns textos "canônicos" específicos – que correspondem a escritores interessados nos mesmos temas que ele.

> Os escritores que me interessam estão obcecados com o conflito como um destruidor sutil do significado diferencial que ele parece acentuar. Devo partilhar um tanto dessa obsessão [...] não a literatura como tal, mas certos textos literários são fundamentais para meu "projeto" como pesquisador, muito mais vitais do que a teoria contemporânea. Meu uso dos textos literários é muito egoísta e pragmático. Se eles não me servirem, eu os deixo em paz.[1]

A fórmula "conflito como um destruidor sutil do significado diferencial que ele parece acentuar" não é fácil de entender, mas vale a pena estendermo-nos sobre ela. De forma muito simples, Girard continua voltando ao paradoxo de que quanto mais os rivais em um conflito tentam estabelecer uma diferença entre si (através de gestos cada vez mais hostis, por exemplo), mais, na verdade, eles se imitam uns aos outros e, consequentemente, se tornam idênticos e até mesmo indistinguíveis. Isso é evidente em conflitos longos, como os conflitos da Irlanda do Norte, que em seu momento mais intenso eram assolados por assassinatos "olho por olho": um lado efetua uma

---

[1] René Girard, *To Double Business Bound: Essays on Literature, Mimesis and Anthropology*. Baltimore/Londres, Johns Hopkins University Press/Athlone, 1978, p. 224. [Esse livro será publicado na Biblioteca René Girard.]

execução, o outro lado repete a ação, e assim por diante. Ações que visam estabelecer a diferença têm exatamente o efeito oposto: apesar do frenesi de violência, pode parecer a alguém de fora que os dois lados são apenas imagens espelhadas um do outro (embora, obviamente, os participantes tenham uma opinião muito diferente).

Este capítulo visa desenvolver a discussão precedente sobre o desejo mimético, estabelecendo um entendimento particular sobre a natureza do conflito, entendido como "destruidor sutil do significado diferencial que ele parece acentuar". O desejo está relacionado ao conflito porque é mimético. A segunda fase da teoria de Girard procura investigar o que acontece quando a rivalidade iniciada devido à partilha do mesmo desejo se torna mais intensa e também mais generalizada.

Isso implica desenvolver a teoria de Girard de duas formas. Primeiramente, significa expandir o entendimento de mímesis com base em uma narrativa das interações entre dois ou mais agentes para uma explanação mais geral das relações sociais. Em segundo lugar, embora até o momento tenhamos observado com Girard o período moderno através das lentes de importantes romancistas e dramaturgos, avançamos agora em direção à especulação sobre as origens e a natureza das sociedades primitivas ou pré-estatais, ou seja, sociedades em que instituições como os sistemas político ou penal ainda não existiam.

Dessa forma, a segunda fase da teoria mimética está mais relacionada com a antropologia cultural do que com a literatura. Coincide com a publicação do segundo livro de Girard, *A Violência e o Sagrado* (1972), que teve enorme impacto e deu a Girard a atenção generalizada do público, por suas surpreendentes afirmações relativas à conexão entre religião e formação cultural e social.

O argumento de Girard nesse livro pode ser resumido em um único e perturbador *slogan*: "A violência é o coração e a alma secreta do sagrado".

A linha do argumento de Girard nesse texto pode ser encontrada na distinção feita no último capítulo entre duas formas de desejo mimético: "de apropriação" e "metafísico". Um conflito sério pode muito bem começar com a rivalidade mimética por um objeto que ambas as partes desejam adquirir; no entanto, raramente as partes ficarão nesse ponto. À medida que a rivalidade se intensifica, o objeto torna-se menos importante e os rivais ficam fascinados um pelo outro em uma batalha por prestígio ou "reconhecimento" (Hegel). Isso tem mais a ver com a própria existência de uma pessoa do que com qualquer objeto particular. Um notável exemplo disso pode ser encontrado em *Troilo e Créssida*, de Shakespeare, o que, em conjunto com *Sonho de Uma Noite de Verão*, constitui a "bíblia" de Girard para entender o desejo mimético. Essa peça amargamente satírica se centra na ação da Guerra de Troia, que, de acordo com Shakespeare, está longe de ser o conflito heroico retratado na poesia épica de Homero. É o oposto – literalmente uma disputa inútil entre homens arrogantes e estúpidos. Os gregos lutam para ter de volta Helena, já que os troianos a sequestraram. Por sua vez, os troianos insistem em manter Helena, porque os gregos a querem. Entretanto, à medida que o tempo passa, a beleza de Helena desvanece-se um pouco mais, e a justificativa para lutar por ela torna-se mais fraca. Todos os dias os soldados marcham em direção ao campo de batalha para vencer o heroísmo militar, que se tornou agora um fim em si mesmo. Eles se assemelham a um negociante de arte que pagou milhões de libras por um quadro e é, portanto, psicologicamente incapaz de admitir que o quadro pode ser uma falsificação. É isso que Troilo quer dizer quando, amargamente, observa: "Tolos de uma parte e de outra! / Helena tem de ser bonita, para / diariamente com sangue a rebocardes".[2] Não pela última vez na história, um jovem soldado pergunta: "Por que estamos lutando?".

É importante sublinhar que essa segunda fase – a passagem de um conflito que é centrado em um objeto para um conflito que tem mais a ver com o relacionamento entre os rivais – é ainda governada de acordo com a interação mimética, já que os participantes imitam os gestos hostis uns dos outros. O termo que Girard usa é *reciprocidade*. Como um gesto recíproco bom pode neutralizar um conflito (por exemplo, se um rival oferece sua mão em amizade), também uma expressão de hostilidade ou má reciprocidade por parte de um dos sujeitos será imitada e provavelmente amplificada pelo outro, causando, dessa forma, a escalada do antagonismo. Girard faz questão de sublinhar que a violência é um relacionamento: enquanto nós podemos pensar mais rapidamente no tipo de violência anônima que ladrões infligem em suas vítimas nas cidades, na realidade, muitos atos de violência acontecem entre pessoas que se conhecem, e que talvez até tenham vivido próximas

---

[2] William Shakespeare, *Troilo e Cressida*. In: *Teatro Completo: Tragédias*. Trad. Carlos Alberto Nunes. Rio de Janeiro, Agir, 2008, p. 234.

por um longo período. Como relacionamentos estreitos assim, muitas vezes, podem mudar tão drástica e subitamente? Girard diz que tais relacionamentos são inerentemente instáveis, na medida em que são construídos sobre as fundações inconstantes do desejo mimético.

O exemplo dos gregos e troianos e muitos dos conflitos mais recentes que parecem ter pouco ou mesmo nenhum objetivo lembram-nos de que a teoria de Girard é uma tentativa de explicar as relações humanas numa escala social ampla, e não apenas entre dois ou três indivíduos. No capítulo anterior, vimos que a referida teoria está relacionada em especial com aspectos da sociedade do período moderno, quando a estratificação é gradualmente corroída, e as garantias hierárquicas, que existiam para canalizar e controlar a inquietação mimética, tornam-se menos eficazes. O processo que Girard identificou em seus romancistas, desde a (segura) mediação externa até a (perigosa) mediação interna – de triângulos altos a triângulos baixos, se quiserem –, é, na verdade, o próprio processo de modernização, uma vez que revela a era democrática, a idade do *ressentimento*.

O autor mais importante no que se refere a esse desenvolvimento é Thomas Hobbes (1588-1679), pai da filosofia política moderna. Embora a análise de Hobbes sobre a natureza humana em *Leviatã* (1651) coincida em muitos aspectos com a teoria mimética, existe uma divergência crucial entre Girard e Hobbes quando se trata de descrever como as comunidades lidam com os problemas provocados pela competição mimética. Primeiramente, analisemos outra vez Hobbes e vejamos as semelhanças. Como vimos, no capítulo 13 de *Leviatã* ele reconhece o problema da competição entre os homens de mesmo *status* social:

Porque cada um pretende que seu companheiro lhe atribua o mesmo valor que ele se atribui a si próprio [...]. De modo que na natureza do homem encontramos três causas principais de discórdia. Primeiro, a competição; segundo, a desconfiança; e terceiro, a glória.

Como observamos, "desconfiança" aqui não significa humildade, sendo, na verdade, a cautela que as pessoas têm umas com as outras, porque têm quase as mesmas capacidades, sem que haja alguém visivelmente mais forte que os outros. Essa desconfiança é, ao mesmo tempo, uma fonte de autoafirmação, na medida em que cada um deseja o apreço ou "reconhecimento" dos outros. Como Hobbes muito bem observa no mesmo capítulo, tal estado de mal-estar pode ser apropriadamente descrito apenas como um permanente e penetrante estado de guerra:

> Com isto se torna manifesto que, durante o tempo em que os homens vivem sem um poder comum capaz de os manter a todos em respeito, eles se encontram naquela condição a que se chama guerra, e uma guerra que é de todos contra todos. Pois a guerra não consiste apenas na batalha, ou no ato de lutar, mas naquele lapso de tempo durante o qual a vontade de travar batalha é suficientemente conhecida. (...) Assim também a natureza da guerra não consiste na luta real, mas na conhecida disposição para tal, durante todo o tempo em

que não há garantia do contrário. Todo o tempo restante é de paz.

Portanto, tudo aquilo que é válido para um tempo de guerra, em que todo homem é inimigo de todo homem, é válido também para o tempo durante o qual os homens vivem sem outra segurança senão a que lhes pode ser oferecida por sua própria força e sua própria invenção. Numa tal situação não há lugar para a indústria, pois seu fruto é incerto; consequentemente, não há cultivo de terra, nem navegação, nem uso das mercadorias que podem ser importadas pelo mar; não há construções confortáveis, nem instrumentos para mover e remover as coisas que precisam de grande força; não há conhecimento da face da Terra, nem cômputo do tempo, nem artes, nem letras; não há sociedade; e o que é pior do que tudo, um constante temor e perigo de morte violenta. E a vida do homem é solitária, pobre, sórdida, embrutecida e curta.[3]

Esse é o tipo de panorama desolador típico de literatura e filmes que retratam o apocalipse pós-nuclear, como *Mad Max*. De fato, o cenário político real de *Leviatã* é rígido o

---

[3] Thomas Hobbes, *Leviatã*. Trad. João Paulo Monteiro e Maria Beatriz Nizza da Silva. São Paulo, Martins Fontes, 2003, p. 108-09.

suficiente: a Guerra Civil na Inglaterra e, mais importante, a Guerra dos Trinta Anos, que devastou a Europa de 1618 a 1648. Hobbes diz que esse tipo de fusão social de pesadelo, longe de ser uma exceção nos assuntos humanos, deve, na verdade, ser reconhecido como o estado "natural" da coexistência humana antes da emergência das instituições sociais e políticas, que contêm e controlam a propensão humana para o conflito. Ao imaginar o cenário de "estado de natureza" e a "guerra de todos contra todos" a que dá origem, Hobbes estabelece o que ele vê como a função e a origem das instituições políticas – acima de tudo, da monarquia. Ele dá tanto a descrição da gênese da soberania absolutista como sua justificativa. Para Hobbes, o problema do conflito universal é solucionado quando todas as facções e partes rendem simultaneamente sua força e capacidade militar às mãos de uma autoridade suprema e soberana, uma que, portanto, adquire o monopólio dos meios de violência.

Uma parábola moderna, bem conhecida das crianças de escolas inglesas, que ilustra esse estado de coisas é a obra de William Golding, *Senhor das Moscas*, publicada em 1959. Um grupo estudantes fica preso numa ilha sem qualquer controle parental e transforma-se em um estado natural de assassinos, até que a ordem é restabelecida no final com a chegada de um navio da Marinha. Em Hobbes, a função do soberano e do oficial da marinha, vestido de trajes imaculadamente brancos, que aparece no final do livro de Golding, tem, na realidade, implicações religiosas, que são resumidas no termo grego *katéchon*. Misteriosamente, essa palavra aparece no Novo Testamento (1 Tessalonicenses), significando uma "força de restrição". Parece referir-se ao poder divino, contendo as forças do caos e da destruição que serão libertadas no final dos tempos. De forma mais geral, a palavra *katéchon* apresenta-nos uma concepção de política em que o objetivo primordial das instituições políticas é a contenção do conflito. Esse é o tipo de coisa em que o Império Romano se distinguiu ao impor sua *pax romana* a outros povos em virtude de sua superioridade militar. (Do mesmo modo, os Estados Unidos, atualmente, ao escolherem comportar-se como uma "polícia global", assumem a função de *katéchon*.) Essa é uma perspectiva essencialmente pessimista das questões humanas, na medida em que assume que a coexistência pacífica é impossível para os seres humanos, a menos que alguma força superior a garanta coercivamente. Claro que os proponentes da abordagem do *katéchon* responderiam que não se trata de pessimismo, e sim de realismo.

Dessa forma, para Hobbes, a estabilidade social é alcançada quando as pessoas percebem sua necessidade de um *katéchon*, ou seja, uma força de restrição soberana, todo-poderosa, cuja autoridade todos os membros do grupo aceitam reconhecer em prol da segurança e do bem-estar comuns. Ele dá a essa força o nome do monstro bíblico Leviatã. A oposição essencial de Girard a esse tipo de explanação em nada se relaciona com seu pessimismo ou conservadorismo: ele apenas acha que o cenário estabelecido por Hobbes (e por outros teóricos do contrato social) é altamente implausível. Girard desdenha a ideia de que um grupo de pessoas que não se suportam teria a capacidade, *precisamente no momento mais intenso do conflito*, de parar com as hostilidades e reconhecer que precisam elaborar um contrato social. Essa abordagem calma e racional do problema demonstra falta de imaginação no que se refere a como grupos exaltados e enfurecidos, de fato, se comportam. Girard menospreza o "caráter inglês" de Hobbes e imagina a "guerra de todos contra todos" terminando com as pessoas sentadas a uma mesa e resolvendo seus problemas com uma boa xícara de chá. Ele aceita o cenário de conflito universal de Hobbes, mas não pode concordar com a descrição de Hobbes de como essa crise vem a ser resolvida.

Girard fornece o que considera ser uma explicação mais satisfatória e plausível de como as sociedades estabelecem ou readquirem um equilíbrio harmonioso; porém, para entender isso, é necessária uma análise mais atenta sobre a natureza da crise em foco. Referimo-nos ao fenômeno da "mediação interna", ou seja, um contexto em que os indivíduos estão em estreita proximidade com os desejos uns dos outros e no qual as barreiras que previnem a rivalidade mimética de desenvolver-se estão corroídas. Na era moderna há instituições como a polícia, os exércitos e o judiciário para assegurar que a violência não saia de controle. No entanto, o que acontece em contextos em que essas instituições não existem quer porque faliram, quer porque nunca chegaram a existir?

Nesse contexto, a ação do desejo metafísico pode, de fato, ser muito perigosa e também ser comparada a uma doença contagiosa. A violência espalha-se como uma epidemia ou um incêndio; lembramos que não há freios instintivos à agressão humana. Girard sugere que quando símbolos como a praga, o fogo, o dilúvio, etc. aparecem em mitos ou lendas, constituem referências veladas a uma crise mimética crescente. Em contextos sociais primitivos, em que não há distinções claras entre a ordem social e a ordem natural, tais símbolos são especialmente apropriados. Girard enumera vários exemplos literários e mitológicos em que essa ligação entre epidemia e uma sociedade em colapso pode ser identificada: por exemplo, no prólogo de *Édipo Rei*, quando o padre descreve a Édipo uma escassez que ameaça devastar Tebas; ou nas dez pragas que atingiram os egípcios em Êxodo, em que Girard vê o elemento de rivalidade na luta entre Moisés e os feiticeiros egípcios.

Na origem da crise está a destruição da diferenciação social que só pode levar à violência mimética, como demonstrado no importante discurso de Ulisses em *Troilo e Créssida* (I.3.75-133). Nessa peça, uma severa crise de autoridade, ou "crise de hierarquia", estourou no exército grego. Aquiles, herói e campeão dos gregos, menospreza abertamente a liderança de Agamenon e, como resultado, um espírito de rivalidade destrutiva se espalha pelo campo de batalha. O discurso de Ulisses descreve soberbamente a crise mimética que surge da "negligência hierárquica" e, por isso, vale a pena citá-lo por completo:

> Quando abalada fica a jerarquia,
> que é a própria escada para os altos planos,
> periclita a obra toda. Como podem
> ter estabilidade duradoura
> os degraus das escolas, os estados,
> os membros das corporações, o tráfico
> pacífico entre praias afastadas,
> os direitos do berço e nascimento,
> de primogenitura, os privilégios
> da idade, louros, cetros e coroas,

se a desfazer-se viesse a jerarquia?
Tirai a jerarquia; dissonante
deixai só essa corda, e vede a grande
discórdia que se segue! As coisas todas
cairão logo em conflito; as fortes ondas,
contidas até então em seus limites,
o seio elevarão além das praias,
a papa reduzindo terra firme;
o rude filho ao pai tirara a vida;
fora o direito a força; o justo e o injusto
–
cuja tensão contínua equilibrada
sempre é pela justiça – acabariam
perdendo o nome, como também esta.
Todas as coisas no poder se abrigam;
o poder, na vontade, que se abriga,
por sua vez na cobiça. Ora, a cobiça,
esse lobo de todos, tendo o apoio
redobrado da força e da vontade,
transforma logo em presa o mundo todo
para a si mesmo devorar por último.[4]

A imagem predatória no final é apropriada, já que um dos efeitos de distorção da violência é fazer com que os combatentes pareçam "monstruosos" uns aos outros. Esse é o caso extremo de indiferenciação, porque um "monstro" é uma criatura com características humanas e animais misturadas. Como já sabemos, em um conflito prolongado, cada um dos lados pode acabar esquecendo

---

[4] William Shakespeare, *Troilo e Cressida*. In: *Teatro Completo: Tragédias*. Trad. Carlos Alberto Nunes. Rio de Janeiro, Agir, 2008, p. 240.

a humanidade do outro. Ou os inimigos são vistos como sub-humanos, portanto "bestas", ou como supremamente malvados e "demonizados". Há um efeito alucinatório em funcionamento que Girard relaciona novamente com muitas manifestações do "monstruoso" na mitologia e na literatura; uma sociedade em crise mimética tem dificuldade em sustentar até a mais básica das classificações, como a que se refere a humano e não humano.

Mais uma vez, Shakespeare fornece exemplos riquíssimos. Como vimos em *Teatro da Inveja*, Girard escreveu seis ensaios sobre *Sonho de Uma Noite Verão*, que ele considera ser um registro muito preciso do mecanismo do desejo mimético e da consequente crise. As "traduções" e distorções que acontecem no enredo, o estado de sonho que envolve a ação e as personagens, as figuras animalescas que são rapidamente substituídas por metáforas de adoração divina à medida que o jovem casal troca repetidamente votos de fidelidade – tudo isso testemunha a ferocidade da crise mimética e desmente a crença do casal de que seus desejos são autônomos e estáveis.

Isso é fundamental. Estamos habituados a pensar que o conflito surge da diferença – diferentes religiões, tribos ou nações em desacordo entre si –, mas, na realidade, Girard insiste que é a *erosão* das diferenças que constitui um perigoso gatilho para a violência. É o medo da semelhança, da perda de características distintivas, que catalisa o conflito (exatamente o oposto do que uma certa música famosa, mas irritantemente banal, de John Lennon nos faria imaginar). Voltamos a uma descrição gráfica da "guerra de todos contra todos" de Hobbes, e outra vez à mesma questão: como uma sociedade

ordenada e harmoniosa surge dessa crise e não é simplesmente engolida por uma frenética autodestruição?
A questão é ainda mais certeira se concordarmos com Girard quando ele diz que as teorias do "contrato social" são, nesse ponto, insatisfatórias.

A explanação de Girard é mais ordenada, porque a dinâmica da própria mímesis fornece a solução para a crise mimética, então ele não tem que acrescentar fatores externos à situação. Assim como a mímesis de apropriação iniciou o conflito, também a mímesis, na direção oposta, pode terminá-lo. Essa mímesis surge porque o objeto original da inveja desapareceu. No lugar desse objeto original de contenda, temos agora o conflito direto dos oponentes: mímesis metafísica. Uma vez que o objeto deixou de ser mais central, uma nova base para a unidade pode ser encontrada. A violência contra um dos concorrentes pode ser imitada por outros sem necessariamente significar uma nova rivalidade – pelo contrário, imitar uma ação violenta contra um concorrente levará à reconciliação. Um dedo apontado, um golpe de sorte, um leve maldizer contra ele ou ela será repetido por outros, e, rapidamente, o conflito de "todos contra todos" se torna uma guerra de (quase) todos contra um, ou alguns. O destino da vítima será definido por todo o grupo: ele ou ela pode ser expulso ou morto.

Essa nova mímesis de "todos contra um", em vez de dividir, une. É a reconciliação e o sentido de unidade do linchamento, uma vez que toda a violência e ódio que eles anteriormente direcionaram um para o outro são agora direcionados para uma única vítima. Essa vítima é a incorporação de todo o mal, e parece, para a multidão, ser a responsável pela crise. Ela é bem conhecida de todos nós das salas de aula e parques de diversões, dos nossos locais de trabalho, das nossas famílias e até das nossas comunidades religiosas. Girard dá a essa vítima seu nome comum, "bode expiatório", chamando esse processo, pelo qual a crise mimética é resolvida, de "mecanismo do bode expiatório".

Girard usa esse termo precisamente em seu sentido mais comum, e não como referência ao "bode expiatório" mencionado em Levítico 16. Este último é um ritual religioso consciente, no qual o sacerdote transfere, por meio do toque de suas mãos, os pecados das pessoas para um bode, que é depois banido para a floresta. Girard não se refere a esse ritual, mas sim ao sentido mais popular de "bode expiatório", enquanto mecanismo psicológico espontâneo e inconsciente, através do qual alguém é falsamente acusado e vitimizado. É desnecessário dizer que, embora haja um grau de aleatoriedade na escolha de quem será o bode expiatório, sucede que a pessoa ou o grupo é escolhido em geral por ser especialmente vulnerável ou marginal, pelo menos. O "forasteiro", ou estranho, é um forte candidato, porque é menos provável que ele tenha família ou amigos que possam vir em sua defesa (Édipo seria um ótimo exemplo disso). Justamente por isso, muitas das vítimas de caça às bruxas durante o período medieval eram mulheres solteiras que moravam sozinhas. A vítima potencial também pode ser escolhida por ser física ou mentalmente anormal ou defeituosa de alguma forma (Édipo manca). Nunca soubemos o nome do menino que é perseguido e morre em *Senhor das Moscas*: os outros meninos chamam-lhe simplesmente "Porquinho" – ele é gordo, asmático e usa óculos.

Uma comunidade lida com sua violência ao canalizá-la. Nesse sentido, a solução para a ameaça de violência descontrolada contém violência, nos dois sentidos de "conter": envolve o uso controlado e limitado da violência, para prevenir que uma violência muito mais difusa subjugue e destrua todo o grupo. De fato, há duas maneiras de desviar a violência da comunidade. Mencionamos uma, o mecanismo do bode expiatório, que concentra a violência num "inimigo interno". Entretanto, a violência também pode ser canalizada em direção ao exterior, em direção a um inimigo externo. Isso é sucintamente transmitido por Ésquilo em *Eumênides*, quando o Coro articula a verdadeira natureza da unidade política: uma sensação de sentimento comum, de um lado, e de ódio direcionado a um inimigo externo, do outro. Esta é "a promessa de ódio e amizade comuns".

> Que nunca mais os muros de nossa cidade
> Ecoem sons de motins,
> Inconformados com o sangue e o crime:
> Que nunca mais o pó seco
> Absorva os sombrios fluxos de sangue
> Dos tumultos cívicos, derramados em ira
> E vingança, gritando morte por morte!
> Mas os homens e os estados
> Devem jurar a promessa de ódio comum,
> E amizade comum, para o homem que
> Sempre fez a bênção, sem proibição,
> Seja nosso para sempre.[5]

---

[5] *Eumênides*, 978-87.

Ambos os tipos de violência são explorados por Shakespeare. *Julio César* é uma exposição pormenorizada das diferentes fases da "crise de hierarquia", desde os primeiros murmúrios de conspiração até o ato do assassinato de César. A rivalidade política entre César e outros romanos proeminentes ameaça a desintegração civil, embora gradualmente o problema seja explicado pelo fato de César estar conquistando demasiado poder. Ele surge como a vítima necessária que tem que morrer, porém é aquele cujo sangue revivificará Roma. O discurso de Brutus, no qual os conspiradores são exortados por serem "sacrificadores" e não "carniceiros", captura precisamente a ambivalência relativa à vítima sacrificada (como veremos, Girard chama essa ambiguidade de "dupla transferência"). Resumindo, a peça inteira exemplifica de maneira maravilhosa todo o processo do bode expiatório.

Em outra peça de Shakespeare, o segundo exemplo de violência unificadora mencionada em *Eumênides* – ou seja, violência direcionada contra um inimigo comum – é demonstrada numa consciência espantosa. Aqui o orador é o rei Henrique IV, que está cansado de suprimir as rebeliões que atormentaram seu reino e quer apenas unir as forças que foram tão amargamente divididas e transformadas em "carnificina civil" em um projeto militar unificado. Qual é o projeto? Uma cruzada para nada mais nada menos do que libertar os campos sagrados sobre os quais, em tempos, caminharam os mesmos pés abençoados que foram pregados à cruz "por nós":

> Muito embora ainda pálido e abalado
> pelas preocupações, achamos tempo
> para deixar que a paz aterrorada

e arquejante nos fale em termos curtos
de outras lutas em plagas bem remotas.
As fauces ressecadas deste solo
não mais tingirão com o sangue
dos próprios filhos, nem a guerra os campos
cortará com trincheiras ou as flores
esmagará com os cascos inimigos.
Os olhos incendiados, quais meteoros
em torvo céu, só de uma natureza
todos eles, de uma única substância,
até há pouco travados em contendas
internas e hecatombes fratricidas,
marcharão ora em filas harmoniosas
por um mesmo caminho, sem mais luta
contra amigos aliados e parentes.
A guerra, como faca em bainha velha,
não mais o dono há de ferir. Por isso,
amigos, até ao túmulo de Cristo –
de quem soldados somos, obrigados
a lutar sob a cruz sempre bendita –
levaremos guerreiros da Inglaterra,
de braços conformados na mãe-pátria
para os pagãos vencer dos campos sacros
onde os pés abençoados assentaram,
e onde, há quatorze séculos, na amarga
cruz, para o nosso bem, foram cravados.[6]

A perspicácia de Ésquilo e Shakespeare é conhecida
de todos os líderes políticos que querem reforçar sua

---

[6] William Shakespeare, *Henrique IV* (Parte I: I.1.1-27). In: *Teatro Completo: Dramas Históricos*. Trad. Carlos Alberto Nunes. Rio de Janeiro, Agir, 2008, p. 120.

popularidade. Para as pessoas continuarem unidas, elas precisam de um inimigo comum, interno ou externo. O processo do bode expiatório cuida do inimigo interno. Se o inimigo for externo, então, começar uma guerra – quanto mais sagrada, melhor – é a opção mais segura.

A linguagem religiosa e as figuras de retórica dessas passagens não são incidentais. Ambos os tipos de violência unificadora são uma espécie de "guerra santa". No mecanismo do bode expiatório, tudo o que é negativo é descarregado na vítima. Entretanto, como a vítima trouxe a reconciliação à comunidade, também são atribuídas a ela características positivas. Girard descreve esse efeito paradoxal como uma "dupla transferência". Isto é, além de uma transferência de agressividade por parte dos perseguidores em relação à vítima, há uma transferência de reconciliação, na medida em que a vítima é associada à catarse que sucedeu. Anteriormente, perderam sua razão no mundo alucinatório dos "duplos monstruosos"; agora conseguem ver sua vítima apenas na forma de dupla transferência.

Longe de reconhecer e aceitar a própria responsabilidade pelo início e fim da crise, ambos os efeitos – um bom, o outro mau – são atribuídos pelos perseguidores à vítima, que se torna, assim, absolutamente boa e absolutamente má. Toda a "monstruosidade" da crise é encarnada numa única pessoa. Girard explica isso ao abordar a análise de Rudolf Otto sobre "o sagrado" como um encontro do *fascinosum* e do *tremendum*. Sumariamente, os perseguidores vêm a conceber sua vítima como um bem, ou, pelo menos, como dotada de um *status* transcendente e elevado, e daí em diante colocam-se sob seu domínio:

É preciso supor uma crise bastante longa e atroz, para que a resolução repentina, contra a vítima única, tenha o efeito de uma liberação miraculosa. Essa experiência de um ser supremamente maléfico e depois benéfico, cujos aparecimento e desaparecimento são marcados pelo assassinato coletivo, não pode deixar de ser literalmente arrebatadora. Essa comunidade terrivelmente sofrida encontra-se repentinamente esvaziada de qualquer antagonismo, completamente liberada. É fácil compreender que daí em diante essa comunidade fique totalmente animada por uma vontade de paz, completamente dedicada à manutenção dessa trégua milagrosa que lhe parece ter sido concedida pelo ser temível e benéfico que de alguma forma a visitou. Portanto, é sob o signo desse ser, e como se se tratasse de instruções deixadas por ele, que ela vai colocar todas as suas ações futuras. Em suma, é pela recentíssima experiência da crise e de sua resolução que a comunidade se guia, acreditando-se sempre guiada pela própria vítima, para consolidar o frágil alívio que está desfrutando.[7]

---

[7] René Girard, *Coisas Ocultas desde a Fundação do Mundo*. Trad. Martha Gambini. São Paulo, Paz e Terra, 2009, p. 49-50.

O temor religioso tem origem no ato do bode expiatório. Tal religião em nada se relaciona com um genuíno Deus transcendente, distinto do mundo humano; é um fenômeno criado inconscientemente pelos seres humanos. Para os perseguidores, parece apenas ser a força de um poder externo transcendente. Recentemente reconciliados por sua violência, eles sentem-se tomados por um processo religioso. Como consequência, a origem da religião é encontrada no "sacrifício", que é a exterminação violenta do bode expiatório.

Essa afirmação extraordinária deve ser enquadrada no contexto de outra afirmação mais ampla e ainda mais extraordinária. O tipo de experiência que Girard descreve é tão impressionante que não é inconcebível que os tipos mais básicos de instituições culturais sejam fundados em um evento dessa natureza. Um dos aspectos da religião é o estabelecimento da distinção entre "sagrado" e "profano"; aqui, é Deus (na forma da vítima) que é sagrado, e a sociedade é profana. E quanto a outras diferenças fundamentais, como tempo e espaço? Pode-se dizer que o evento do sacrifício divide o tempo em antes (o momento da crise) e depois (o momento da reconciliação). Há também "dentro" e "fora", mais uma vez a comunidade e a vítima expulsa, respectivamente. Wolfgang Palaver[8] cita um amplo leque de indicadores relativos à função de ordenação do mecanismo do bode expiatório nos níveis social e cultural, assim como no religioso: Caim, enquanto fundador bíblico das cidades; as origens da sociedade estratificada de acordo com a mitologia hindu; a passagem de Heráclito sobre o "conflito de ser o pai e o rei de todas

---

[8] *René Girards mimetische Theorie.* Münster, Lit Verlag, 2003, p. 226-29.

as coisas". O próprio Girard, seguindo Durkheim e Eliade, ressalta a importância das localizações sagradas, como os túmulos, que constituem o centro da comunidade; locais simbólicos de unificação que deram origem a formas religiosas e ao estabelecimento das relações espaciais e temporais. E ele também observa as provas que ligam esses locais à vitimização expiatória.

Essa intuição de uma íntima interconexão entre cultura humana e violência sacrificial, em particular, uma violência ou sacrifício fundacional (a palavra alemã é *Bauopfer*), foi explorada por Walter Burkert como uma prática baseada na convicção de que "uma casa, uma ponte, uma barragem apenas estarão seguras se houver um corpo em sua base".[9] O tema do *Bauopfer* é uma constante na mitologia e na literatura, isto é, na história do assassinato de Remo, que constituiu, simultaneamente, a fundação da cidade de Roma. Na Bíblia, o fratricida Caim é também o fundador da cultura e da civilização urbanas – novamente, é sugerida uma ligação entre homicídio e fundações. O tema é bem transmitido por W. H. Auden, em seu poema "Vespers", que descreve um encontro entre o orador, que é um idealista romântico, e um político radical; ou seja, entre um "árcade" e um "utópico":

> Foi (como deve parecer a qualquer deus das encruzilhadas) simplesmente uma interseção fortuita de caminhos de vida, lealdade a diferentes mentiras?

[9] *Homo Necans: The Anthropology of Ancient Greek Sacrificial Ritual and Myth.* Califórnia, Berkeley, 1983.

Ou também um *rendez-vous* entre dois cúmplices que, apesar deles mesmos, não conseguem resistir a se encontrarem.

para lembrar o outro (será que ambos, no fundo, desejam a verdade?) daquela metade de seu segredo que ele mais gostaria de esquecer,

forçando-nos aos dois, por uma fração de segundo, a lembrar nossa vítima (mas por ele eu podia esquecer o sangue, mas por mim ele podia esquecer a inocência),

em cujo sacrifício (chamem-lhe Abel, Remo, quem quiserem, é uma Oferenda Pecaminosa) as arcádias, as utopias, nossa querida e velha democracia são igualmente fundadas:

Pois sem uma semente de sangue (tem que ser humano, tem que ser inocente), nenhum muro secular pode ficar em pé de forma segura.

O passo seguinte de Girard é indicar como os elementos centrais de todas as religiões estão relacionados com o mecanismo da vitimização. Três deles são especialmente importantes: *mitos, rituais* e *tabus e proibições*. Os mitos contam a história da perseguição sob a perspectiva do vencedor, o linchador; os rituais são a repetição controlada da ação sacrificial, através da qual a comunidade adquire uma força e unanimidade renovada, especialmente quando esses rituais envolvem sacrifícios (vítimas); tabus e proibições existem para que não haja qualquer repetição da rivalidade que possa levar a uma nova crise.

Faz-se necessário ressaltar que o tratamento de Girard das proibições e do ritual tem aqui uma reviravolta particularmente elegante, já que ele oferece uma explicação plausível para dois fenômenos que parecem ser opostos. Proibições ou tabus "isolam" o objeto de potencial rivalidade, sejam mulheres, seja comida ou sejam outras posses do líder do grupo, de forma que a diferenciação e a hierarquia dentro do grupo sejam preservadas e o conflito, evitado. Muitos rituais parecem fazer o oposto: eles envolvem um relaxamento das proibições, para que as distinções hierárquicas sejam revertidas ou temporariamente abolidas, e ações que são normalmente banidas possam ser realizadas de forma ritualizada (por exemplo, o incesto ritual). O próprio ritual sacrificial deve ser entendido como uma reconstituição do violento mecanismo do bode expiatório. Girard diz que entendemos isso se reconhecemos que tanto as proibições quanto os rituais têm como objetivo evitar a crise do conflito mimético, embora o façam de forma diferente e em diferentes fases do conflito. Se, em condições sociais relativamente estáveis, as proibições seriam uma forma normal de fazer isso, casos em que a pressão mimética é mais extrema tornam necessária uma solução mais radical; nomeadamente, uma reconstituição "segura" e controlada da própria crise. Isso funciona do mesmo modo que uma pequena dose de veneno ou vírus, que pode ser usada como antídoto ao próprio veneno em sua forma mais perigosa.

À luz desses *insights*, a análise de um artigo de jornal de 2001, de autoria de Rahul Bedi, prescinde de qualquer comentário. O artigo tem como título: "Padre leva a alma de rei assassinado para o exílio".

> Um padre nepalês foi condenado a andar em um elefante por uma vida inteira de exílio ontem, em uma cerimônia realizada para exorcizar os fantasmas do massacre da família real. Usando os sapatos, as meias e os óculos do falecido rei Birendra, Durga Prasad Sapkota foi condenado pelo ritual hindu nepalês a levar o espírito do rei com ele para uma região montanhosa remota, onde passará o resto de sua vida como "exilado pecaminoso". Os devotos nepaleses acreditam que sua partida acalmará os problemas que assolam o país desde o massacre de 1º de junho, quando o príncipe imperial Dipendra assassinou nove membros da família real antes de suicidar-se. Antes de deixar Katmandu, o frágil brâmane de 75 anos de idade, voluntário para esse papel, sentou-se numa tenda nas margens do Rio Bagmati e comeu 84 itens diferentes, entre os quais arroz e vegetais, em tigelas de prata. Em tempos ancestrais, ele teria comido parte do cérebro do rei, mas ontem a perna de um carneiro sacrificado cumpriu o objetivo. Uma coroa de prata com uma longa pluma branca,

similar à do rei, foi colocada na cabeça de Sapkota, e ele sentou-se sobre um dossel de bambu que significava o trono do rei. Depois, o primeiro-ministro Girija Prasad Koirala ofereceu dinheiro ao padre, antes de lhe perguntar se estava feliz. "Estou feliz agora, tenho tudo. Só não tenho uma casa. Preciso de uma casa", respondeu Sapkota. De acordo com a tradição, ao padre banido devem conceder-se todos os pedidos. Contudo, deram-lhe oito mil libras angariadas antes de ele montar o elefante, brilhante e pintado, que ficará com ele no exílio.

A Violência e o Sagrado: um olhar mais atento

A tese apresentada em *A Violência e o Sagrado* é, colocando-o de forma suave, muito densa. É fácil entender o motivo pelo qual o livro teve um impacto tão considerável quando foi publicado em 1972. Ampliarei esse resumo da teoria de Girard com a ajuda da introdução de Burton Mack à teoria mimética em *Violent Origins* (1987). Esse livro é um registro do diálogo de Girard com dois outros teóricos (Walter Burkert e Jonathan Z. Smith), um dos quais fornece uma análise explicativa da religião de grande importância. A conferência iniciada pelo próprio Burton Mack e aquela seção de seu ensaio introdutório que se relaciona com Girard são uma tentativa lúcida e cuidadosa de reconstruir a jornada intelectual de Girard, embora se deva reconhecer que, em geral, Mack expressa forte resistência à visão de Girard sobre o Novo Testamento, visto como um conjunto de textos antiperseguição.[10]

Burton Mack especifica o principal problema que emerge, nesse ponto, na ambiciosa teoria de René Girard. De acordo com ele, o desejo mimético não é normalmente reconhecido pelos indivíduos, e as instituições culturais são dominadas pela mentalidade mítica, de forma que a horrível verdade sobre o assassinato de vitimização é ocultada:

> Onde temos que olhar para ver o decreto de acordo com a escritura original? Os dados parecem não estar disponíveis. Artefatos culturais são estruturados de forma a esconder os mecanismos da violência, e os mecanismos são estruturados de modo a ocultarem-se. É necessária uma revelação, mas qual é o véu que poderá ser levantado? Como é que, na realidade, o próprio Girard fez a descoberta?[11]

A descoberta é feita, como vimos no capítulo anterior, por meio da literatura. "Girard movimenta-se facilmente de cultura para cultura, de época para época, de texto

---

[10] Burton Mack, "The Innocent Transgressor: Jesus in Early Christian Myth and History". *Semeia*, n. 33, 1985, p. 135-65.
[11] Burton Mack, "Introduction: Religion and Ritual". In: Robert Hamerton-Kelly (org.), *Violent Origins*. Stanford, Stanford University Press, 1987, p. 11.

para texto, do romance para a mitologia, com uma única suposição relativa à linguagem e um único método para sua leitura crítica. [...] Ele é um crítico literário que se atreveu a propor uma teoria religiosa que tem como base sua crítica." E, porém, é apenas no capítulo 6 de *A Violência e o Sagrado*, e apenas numa nota de rodapé, que encontramos referência ao livro *Mentira Romântica e Verdade Romanesca*. Mack questiona a origem da noção de desejo mimético, embora, em Girard, identifique sua inspiração não em Hegel, mas em uma tradição de reflexão no pensamento francês seguida por Rousseau, Durkheim, Sartre e outros.

Como Mack salienta, o capítulo 6 de *A Violência e o Sagrado* é aquele do qual o argumento de todo o livro depende; é aqui que Girard fundamenta sua teoria do mecanismo de vitimização. Antes disso, temos uma análise de textos antigos que exemplificam o mecanismo (por exemplo, mitos de Édipo e Dioniso), enquanto os capítulos seguintes tratam de Freud e Lévi-Strauss para que a hipótese de Girard possa ser enquadrada no contexto. É com base no capítulo 6 que podemos entender como Girard foi do desejo mimético, baseado no romance, para a teoria da violência sacrificial. Mack conjetura que foi a leitura girardiana do *As Bacantes*, de Eurípides, que estabeleceu a ponte entre as duas fases, uma vez que nessa peça os dois temas – contágio mimético e violência sacrificial – estão presentes. "Os textos relacionam-se com os mecanismos e eventos que dão origem às estruturas sociais e à sua história." Com essa peça, as portas abrem-se para que Girard leia o rico arquivo de textos sobre a história da religião e para que o escopo de sua teoria expanda-se em conformidade.

Ao combinar os dois tipos de literatura (romances com enredos miméticos e mitologia sobre assassinatos), Girard produz a sequência dramática completa. Cada um precisa do outro como complemento. Em conjunto, literatura e mitologia mostram que a rivalidade leva ao duplo monstruoso e ao assassinato, e fazem-no de forma a repercutir sua emenda na subsequente reflexão sobre o evento. O texto dramático de Eurípedes é importante porque mostra essa relação entre literatura e mitologia. [...] Os mitos são os textos mais próximos do evento crucial e climático do drama, mas sem a alta literatura para interpretá-los e expor o que ocultam, nunca teríamos sabido disso.[12]

Com base nisso, podemos concluir uma classificação de três tipos de textos: mitologia, (alta) literatura e crítica. A mitologia é mais próxima da racionalização que ocorre nas religiões primitivas, mas, precisamente por esse motivo, acaba por reforçar a dissimulação da violência que ocorre nelas. Pelo contrário, a alta literatura (ou seja, as tragédias gregas, Shakespeare e os grandes romancistas) tem a capacidade de revelar aspectos do mecanismo que a mitologia encobre. Por sua vez, a tarefa do crítico é "expor o mecanismo exatamente como ele é – sobretudo, a matriz de origem da existência social". A partir disso,

[12] Ibidem, p. 17.

como Girard indica nos capítulos finais de *A Violência e o Sagrado*, surge uma teoria sobre a história, resumida por Mack da seguinte forma:

> A mitologia é mais apropriada a formas primitivas de religião e de sociedade; a literatura surge em sociedades que consideram possível desenvolver sistemas jurídicos para realizar a função da religião; e o tipo de criticismo que Girard defende é mais apropriado para nosso tempo, em que o que ele chama de "crise sacrificial" emergiu tardiamente, mesmo nas sociedades de direito.[13]

Girard e Freud

Dois capítulos de *A Violência e o Sagrado* lidam com aspectos do trabalho de Sigmund Freud: o capítulo 7, "Freud e o Complexo de Édipo", e o capítulo 8, "*Totem e Tabu* e o Problema do Incesto". O terceiro trabalho mais importante de Girard, *Coisas Ocultas desde a Fundação do Mundo*, contém uma longa seção sobre "Psicologia Interdividual", o que constitui um engajamento nas teorias de Freud sobre o narcisismo e, novamente, no complexo de Édipo. Como Mack salienta, em *A Violência e o Sagrado* Girard "diz-nos, acima de tudo, que Freud foi seu modelo, e que chegou à teoria do desejo mimético buscando entender Freud".

---

[13] Ibidem, p. 21.

Independentemente das semelhanças que possam parecer existir entre a hipótese do complexo de Édipo e a do desejo mimético, a grande diferença que surge entre elas é que para Girard o desejo é mais "livremente instável" do que para Freud. O modelo rival não tem que ser o pai, nem o objeto de desejo é necessariamente a mãe; nem o modelo nem o objeto são predeterminados. Se isso for aceito, a teoria mimética é capaz de explicar as dinâmicas psicossociais de forma muito mais elegante, e sem algumas das dificuldades que atormentaram Freud em sua luta para defender a configuração edipiana. Mack sugere que o pensamento de Girard nesse ponto se baseia mais nos teóricos contemporâneos franceses, como Lacan, que procuram usar a teoria psicanalítica para fundamentar uma teoria da formação social independente da hipótese edipiana.

O tema é extenso e torna-se muito técnico, embora algumas das contradições sejam claramente ilustradas na resposta de Girard ao trabalho de Freud, *Totem e Tabu* (1913). Há semelhanças surpreendentes entre a descrição de Freud sobre o assassinato fundador e a de Girard, e por esse motivo Girard sente que o texto deveria ter recebido mais atenção do que de fato recebeu. Freud argumenta que o tabu do incesto tem origem no ciúme por parte da tribo primordial em relação ao pai, no que se refere a seu privilégio entre as mulheres da tribo. Os filhos assassinam o pai, mas depois comemoram o assassinato ritualmente, repetindo a proibição sexual por medo e culpa em relação ao líder morto. Desde o início, Girard reconhece que esse texto foi quase universalmente rejeitado pelos críticos, sobretudo por causa de sua argumentação circular no que se refere ao monopólio sexual do macho dominante e subsequentes proibições quanto ao incesto. Girard não quer descartar o texto; no entanto, se esse é um caso em que Freud parece desorientar-se, por isso mesmo, vale a pena aprofundar o tópico. Em uma importante passagem de *Totem e Tabu*, Freud discute a natureza e o significado de tragédia e, em particular, da misteriosa "culpa trágica" que sente o herói:

> Mas por que o herói da tragédia tem de sofrer, e o que significa sua culpa "trágica"? Abreviemos a discussão com uma rápida resposta. Ele tem de sofrer porque é o pai primevo, o herói daquela grande tragédia dos tempos primeiros, agora repetida tendenciosamente, e a culpa trágica é aquela que ele tem de tomar sobre si, a fim de livrar o coro de sua culpa. A cena teatral deriva, mediante uma adequada distorção – podemos até dizer: a serviço de uma refinada hipocrisia –, da cena histórica. [...] O crime a ele imputado, arrogância e revolta contra uma autoridade maior, é exatamente aquele que, na realidade, pesa sobre os companheiros do coro, o bando de irmãos. Assim, o herói trágico é transformado – contra sua vontade – em salvador do coro.[14]

É difícil não se deixar impressionar pelas semelhanças com a teoria de Girard sobre o bode expiatório. Tanto

---

[14] Sigmund Freud, "Totem e Tabu". *Obras Completas*, vol. 11. Trad. Paulo César de Souza. São Paulo, Companhia das Letras, 2012, p. 152-53.

para Girard como para Freud, "a tragédia é, assim, definida como uma reconstrução tendenciosa, uma inversão mítica de um evento que de fato aconteceu", mas depois ficou sujeito a um processo de "distorção sistemática". Todavia, Girard expõe de imediato as diferenças entre eles. Entre essas, a principal é que Freud fala de um único assassinato, aquele de um pai real, que aconteceu em um único momento. Esse pai foi um monstro opressor durante sua vida, mas é transformado na morte em uma figura heroica. Pelo contrário, a teoria mimética não se prende a uma única vítima, o pai; dessa forma, pode afirmar que os assassinatos sacrificiais são repetidos ao longo de um extenso período de tempo.

O surpreendente é que no curso de sua discussão sobre tragédia, Freud não faz uma única referência a *Édipo Rei*, apesar de citar outras tragédias e muito embora essa tragédia de parricídio se encaixe perfeitamente no argumento que ele tenta construir. Ao longo de *Totem e Tabu*, Édipo é notável por sua ausência – embora para Girard esse seja um passo consciente por parte de Freud, e não um caso clássico de "ato falho" freudiano. A simples explicação é que a teoria do parricídio real que Freud constrói aqui é incompatível com a versão psicanalítica oficial do complexo de Édipo. Nessa última versão, os desejos inconscientes não são, por definição, direcionados à realização, pelo que a tragédia do *Édipo Rei* não pode constituir simultaneamente uma demonstração de duas situações incompatíveis. Freud reconhece isso e escamoteia o assunto ao não mencionar Édipo. Ao fazê--lo, diz Girard, ele afasta-se de uma linha de investigação que possivelmente seria mais frutífera do que a de Édipo enquanto desejo reprimido, ou Édipo enquanto parricídio real: a questão do bode expiatório. O que prejudica Freud é sua forte proteção da teoria psicanalítica e do complexo de Édipo em particular.

Freud aproxima-se de seu objetivo quando sugere outro motivo (além da culpa) para explicar por que os filhos mantêm a interdição em relação às mulheres proibidas, mesmo após a morte do pai que havia bloqueado o acesso a elas. O motivo é que eles temem tornarem-se rivais, uma vez que seus desejos sexuais poderiam levá--los a uma luta de todos contra todos, a menos que eles concordem em instituir uma lei contra o incesto. (Freud reconhece mesmo que os "desejos sexuais não unem os homens, e sim os dividem".) O foco da atenção mudou do pai para os irmãos inimigos. O tipo de acordo a que eles chegaram seria necessário mesmo que o pai nunca tivesse existido. Para Girard, isso é o ponto principal da questão, e quando Freud não está ofuscado por suas lentes psicanalíticas, ele também está atento aos temas importantes: indiferenciação, irmãos inimigos à beira de uma guerra contra todos.

Os *insights* de Girard, inspirados numa leitura sutil de *Totem e Tabu*, têm como base suas leituras de *Moisés e o Monoteísmo*, em que o lugar do pai assassinado é ocupado por Moisés, morto pelos israelitas. Esse último trabalho opera com uma moldura social ampla (nação, povo e religião judaicos), o que constitui uma correção do domínio da família em *Totem e Tabu*. E é precisamente essa última dimensão que obscurece a visão de Freud; ele tem fixação pela constelação familiar e sua sexualidade. O ponto fraco de *Totem e Tabu*, para Girard, não é o tema do assassinato coletivo, mas a confusão com o material psicanalítico que o obscurece. Apesar de Freud assinalar os ganhos teóricos obtidos pela análise, afirma Girard, "na verdade, o pai não explica nada. Se queremos chegar ao âmago da questão, devemos esquecer o pai". O que é importante para a comunidade não é a identidade da vítima, mas seu papel de agente unificador ou bode expiatório, e este poderia, na verdade, ser desempenhado por qualquer membro do grupo: "De fato o 'pai' assassinado de *Totem e Tabu* é indefensável, mas quando este fato é enunciado, é sobre o *pai* que a ênfase deve ser colocada, e não sobre o *assassinato*".[15]

Em suma, a opinião de Girard sobre esses dois trabalhos de Freud é a seguinte: apenas quando a teoria da vítima expiatória é introduzida no fragmentado e contraditório *corpus* freudiano, o quebra-cabeça fica completo. "Se não congelarmos o pensamento de Freud em dogmas infalíveis e intemporais, perceberemos que, em seus momentos mais lúcidos, é sempre para o mecanismo da vítima expiatória que ele tende, é sempre o mesmo alvo que ele obscuramente visa."[16]

---

[15] René Girard, *A Violência e o Sagrado*. Trad. Martha Gambini. São Paulo, Paz e Terra, 2008, p. 266-67.
[16] Ibidem, p. 268.

capítulo 3
Dioniso versus "O Crucificado"

Resumo do capítulo

1 O mecanismo do bode expiatório permite que uma comunidade em crise recupere ou preserve seu equilíbrio. Isso é eficaz apenas se a comunidade for capaz de dissimular para si mesma a verdadeira natureza do que está fazendo. Nenhuma das práticas religiosas – mitos, proibições e rituais – declara abertamente o que acontece. René Girard entende o "mito" como a história que uma comunidade conta sobre sua origem – uma história que apenas insinua, sem nunca revelar abertamente, a violência dessas origens. Nesse sentido, "mito" tem origem na mesma raiz que "mudo": os mitos perpetuam um silêncio sobre o mecanismo violento do bode expiatório. Uma parábola de Kafka em *Na Colônia Penal* fornece um exemplo importante do sagrado violento em ação e em declínio.

2 Depois da publicação de *A Violência e o Sagrado* (1972), passam-se muitos anos até que Girard se sinta preparado para examinar a Bíblia com a mesma atenção que dedicou a textos antropológicos e míticos não cristãos.

Quando finalmente o faz, ele se convence de que todo o impulso da revelação bíblica segue na direção oposta ao mito como ele o definiu, embora a Bíblia também contenha material mítico. Deus está do lado da vítima inocente, e não dos perseguidores; a Bíblia funciona como uma crítica e condenação do mecanismo sacrificial do bode expiatório, e não como exemplo dele.

3 Por esse motivo, Girard fala de uma oposição entre o "mito" e o "Evangelho". O Evangelho é o espírito bíblico que revela a verdade sobre as origens violentas, fica do lado da vítima e trabalha pela superação do mecanismo do bode expiatório enquanto meio viável de formação social. Essa distinção pode, por um lado, ser entendida como semelhante àquela distinção entre "mentira romântica" e "verdade romanesca", como discutido no capítulo 1. Em ambos os casos existe um confronto entre duas perspectivas sobre a natureza humana: uma que nega a cumplicidade do desejo, da religião e da violência, e outra que a expõe.

4 Girard cita inúmeras passagens bíblicas para fundamentar sua teoria. Uma seleção delas é considerada neste capítulo. Do Antigo Testamento: a narrativa da Queda no Gênesis; a história de Abraão e Isaac; o Criado de Iahweh. No Novo Testamento: os ensinamentos de Jesus; sua crítica profética da religião; e, acima de tudo, os eventos da Paixão e da Ressurreição. Todas leituras produtivas favoráveis a uma interpretação mimética: que a "estratégia" de Jesus, enquanto embaixador de um Pai amoroso e não violento, é expor e tornar ineficaz o processo do bode expiatório, para que o verdadeiro Deus possa ser conhecido.

5 A Paixão de Jesus permite uma interpretação "dramática", na medida em que Jesus permite que uma crise expiatória seja "encenada" com ele próprio no centro. Como o Servo Sofredor de Isaías, independentemente de sua inocência, sua recusa em procurar a vingança – e, acima de tudo, a vindicação de Deus (que comprova o bem de Jesus ao ressuscitá-lo dos mortos) juntam-se para revelar a verdade sobre a perseguição.

6 O cristianismo de Girard pode, apropriadamente, ser chamado de "joanino". Ele se refere ao "logos" de João, ou seja, à verdade do prólogo dos Quatro Evangelhos, no qual a Palavra vem ao mundo, mas é rejeitada por ele. Para João, o momento da execução de Jesus é também o momento de sua exaltação. Somos chamados a ver a verdadeira face de Deus no bode expiatório ou Cordeiro de Deus, e não a face de uma divindade perseguidora.

7 Também aqui as diferenças entre Girard e Friedrich Nietzsche se tornam explícitas. Girard é atraído pelo *insight* de Nietzsche relativo ao significado único do cristianismo e à incompatibilidade de "Dioniso" e do "Crucificado". No entanto, Nietzsche toma partido dos valores de "afirmação de vida" e da ideologia de Dioniso, o que faz com que Girard, sob a perspectiva da revelação cristã, descreva seu projeto como "contra – ou anti – Nietzsche".

Como introdução à "ambiciosa" terceira fase da teoria de Girard – a importância da revelação evangélica como reveladora do mecanismo do bode expiatório –, gostaria de refletir sobre uma perturbadora história de Franz Kafka,

Na Colônia Penal. Trata-se de um explorador que visita uma colônia prisional situada numa ilha e é convidado a assistir à execução de um prisioneiro rebelde. Estão presentes um oficial e um soldado. O oficial exibe com prazer cruel a máquina por meio da qual as sentenças capitais são executadas na ilha: o homem condenado, explica ele, é amarrado a uma cama, com uma bateria. A cama vibra de acordo com "o Rastelo", uma complicada estrutura de agulhas e pregos vibrantes. Quando estes são postos em movimento, "escrevem" em boa caligrafia o comando que a vítima transgrediu, no caso, as palavras "HONRA O TEU SUPERIOR". A máquina enfeita esse escrito por meio de elaborados ornamentos em todo o corpo do homem, um processo agonizante que se dá ao longo de várias horas. Durante esse tempo, o oficial explica, entusiasticamente, que uma importante transformação se dá na vítima:

> Mas como o condenado fica tranquilo na sexta hora! O entendimento ilumina até o mais estúpido. Começa em volta dos olhos. A partir daí se espalha. Uma visão que poderia seduzir alguém a se deitar junto embaixo do rastelo. Mais nada acontece, o homem simplesmente começa a decifrar a escrita, faz bico com a boca como se estivesse escutando. O senhor viu como não é fácil decifrar a escrita com os olhos; mas o nosso homem a decifra com os seus ferimentos. Seja como for exige muito trabalho; ele precisa de seis horas para completá-lo. Mas aí o rastelo o atravessa de lado a lado e o atira no fosso, onde cai de estalo

sobre o sangue misturado à água e o algodão. A sentença está então cumprida e nós, eu e o soldado, o enterramos.[1]

Durante essa descrição, o oficial antecipa – e rejeita – todas as objeções liberais do explorador horrorizado. Ele acredita totalmente na justiça e na eficácia desse processo e aparato. Contudo, preocupa-se que seus dias estejam contados: o liberalismo do novo comandante da colônia, a dificuldade de manter a máquina (está começando a ranger e as peças sobressalentes são difíceis de obter), o declínio da própria execução do que foi um dia um ritual público, digno e popular a pouco mais do que uma cerimônia comum, fazem com que ele tente obter o apoio do explorador para que, enquanto visitante, possa persuadir o comandante da ilha sobre o valor desse método de execução cerimonial.

Quando o explorador finalmente explode e declara seu repúdio pelo barbarismo de todo o procedimento, o oficial fica em silêncio. Depois, liberta o prisioneiro, que, durante todo o tempo, aguardava seu destino. Configura a máquina para inscrever as palavras "SÊ JUSTO" e amarra--se a si mesmo à cama. Agora, o aparato é posto em funcionamento, mas de forma rápida algo começa a dar terrivelmente errado:

> O rastelo não estava escrevendo, só dava estocadas, e a cama não rolava

[1] Franz Kafka, *O Veredicto/Na Colônia Penal*. Trad. Modesto Carone. São Paulo, Companhia das Letras, 1998.

o corpo, apenas o levantava vibrando de encontro às agulhas. O explorador queria intervir, se possível fazendo o conjunto parar, já não era mais uma tortura, como pretendia o oficial, e sim assassinato direto. Ele estendeu as mãos. Mas o rastelo já se erguia para o lado com o corpo espetado, como só fazia na décima segunda hora. O sangue fluía em centenas de fios (não misturado com água, pois desta vez os caninhos de água também falharam). E então deixou de funcionar a última coisa: o corpo não se soltava das agulhas longas, seu sangue escorria, mas ele pendia sobre o fosso sem cair. O rastelo queria voltar à posição antiga, mas como se percebesse por si mesmo que ainda não estava livre da sua carga, permanecia sobre o fosso. [...] Nesse ato viu quase contra a vontade o rosto do cadáver. Estava como tinha sido em vida; não se descobria nele nenhum sinal da prometida redenção; o que todos os outros haviam encontrado na máquina, o oficial não encontrou; os lábios se comprimiam com força, os olhos abertos tinham uma expressão de vida, o olhar era calmo e convicto, pela testa passava atravessada a ponta do grande estilete de ferro.[2]

[2] Ibidem.

Depois disso, o explorador, o soldado e o prisioneiro, agora redimido, voltaram à cidade; por fim, o explorador deixa a ilha com uma visível repugnância pelo que havia visto.

Poucas das histórias de Kafka lembram tão vivamente do seu emprego cotidiano como funcionário de uma seguradora, lidando com queixas de acidentes industriais. Isso à parte, o que Kafka tenta nos dizer com tal conto extraordinário e macabro? Obviamente, como é uma "parábola", temos que ser cuidadosos para não entender seu significado literalmente. Para nossos propósitos, podemos dizer que esse conto extraordinário é sobre o "desmantelamento" do sagrado violento. O oficial é orgulhoso e protetor de sua máquina de execução, que realiza uma justiça tão perfeita e transcendente que mesmo aqueles que estão sendo punidos são tomados por seu esplendor. Contudo, ele está preocupado de que esteja perdendo sua força. Por motivos que não são esclarecidos, tanto as autoridades como as pessoas em geral mostram cada vez menos interesse nesse procedimento "sagrado", enquanto a própria máquina começa a ranger porque não está sendo preservada de forma apropriada. Somente o oficial ainda acredita nela; o explorador expressar sua repugnância parece ser o golpe final. Quando o oficial se coloca no Rastelo, seu funcionamento defeituoso terminal por fim se torna aparente.

Vimos anteriormente o que acontece quando uma sociedade precisa preservar ou restabelecer a ordem em seu âmbito. Tal comunidade recorre ao que Girard chama de mecanismo do bode expiatório: uma crise que surgiu devido à atividade descontrolada do desejo mimético é resolvida por meios miméticos. A agressão que ameaça destruir a comunidade é recanalizada para uma vítima individual ou um grupo marginal. Esse processo de expulsão ou exterminação apenas social parece aos perpetradores ser uma ação sagrada, porque traz, ainda que temporariamente, a paz e a harmonia de que o grupo necessita de maneira desesperada. Precisamente porque o sacrifício parece ser eficaz, tem que ser "de Deus". Até à vítima, que é ao mesmo tempo boa e má, é conferido o *status* de divindade primitiva. Aqui, encontramos a fórmula de Girard: "a violência é o coração e a alma secreta do sagrado".

O entusiasmo macabro do oficial da história de Kafka pela máquina de execução e pela luz "transcendente" que provoca, mesmo nos criminosos mais duros, ilustra o sagrado violento em funcionamento. A terceira fase da teoria mimética de Girard, objeto deste capítulo, refere-se ao papel do Evangelho e da Bíblia em geral a fim de desabilitar essa máquina e expor a falsidade das alegações de sacralidade associadas a ela.

Aqui está a surpreendente "reviravolta" do *thriller* que René Girard montou. Seu caminho de descoberta o levou à Bíblia, como um terceiro passo (depois da descoberta do desejo mimético e do mecanismo do bode expiatório), um passo que segue as questões antropológicas que surgiram dos dois primeiros. Para Girard, a questão fundamental é se as religiões judaica e cristã têm sua origem no mecanismo do bode expiatório. Ele não nega que há muitos paralelos entre a Bíblia e os mitos, ou entre a Bíblia e as descrições de rituais religiosos em geral. Contudo, ele por fim reconhece que estes são muito menos significativos do que as características distintivas bíblicas.

Todavia, para começar devemos incorporar o que foi dito até o momento, voltando a uma distinção estabelecida no capítulo 1, quando Girard fala da "mentira romântica" e da "verdade romanesca". Lembramos que as obras que despertaram interesse em Girard manifestam um padrão de revelação no que diz respeito à verdade da interação mimética. Esses autores lutaram por um precioso *insight*, o de que o desejo humano é configurado mimeticamente. Esse *insight* acarreta uma negação da importância primordial da autonomia e da liberdade humanas, tanto no nível antropológico quanto no nível estético. É precisamente no "romantismo" que tal insistência ocorre; porém, segundo Girard, tal visão de mundo opera com uma antropologia fundamentalmente errônea.

Os indivíduos e as comunidades humanas estão tão convencidos de que atuam autonomamente, e são tão protetores dessa autonomia, que não têm consciência das medidas violentas às quais recorrem para mantê-la. Esse é o imenso poder da formação social chamada religião, que, para Girard, é fundada no processo do bode expiatório como meio para o estabelecimento da ordem e da autoidentidade, e para sua manutenção quando são ameaçadas. Para que isso funcione, mesmo temporariamente, os perseguidores têm que desconhecer a inocência de sua vítima. Devem também ignorar a força mimética que os une e os leva a eliminar a vítima. Os diferentes aspectos da religião – mito, tabu, ritual – mantêm a ignorância.

Os mitos são, para Girard, as histórias que uma religião conta sobre sua origem, embora apenas insinuem a violência dessas origens, em vez de declará-la abertamente. A violência da ação expiatória está com frequência presente nas histórias de deuses lutando em guerras ou sendo sacrificados, mas nunca encontramos um reconhecimento direto de que é a vitimização de seres humanos reais que constitui o centro das histórias. Assim, os mitos ocultam mais do que revelam; são literalmente um "disfarce". Existe uma ligação etimológica com a palavra "mudo", uma vez que os mitos permanecem *silenciosos* em relação aos eventos que parecem descrever. No capítulo 2 isso foi enquadrado através da síntese de Mack, enquanto evolução do "mito" que oculta para a "literatura" que começa a tentar revelar a verdade.

Isso é o quão longe Girard chega no momento em que escreve *A Violência e o Sagrado*. Com seu trabalho seguinte, quando analisa as escrituras judaicas e cristãs, ele pretende insistir num novo contraste: entre *mito*, no sentido descrito no último parágrafo, e *Evangelho*. A revelação do Evangelho expõe de forma ainda mais radical a verdade que o mito tenta encobrir, ou seja, a interação assassina dos desejos humanos para preservar ou proteger uma ordem social em tempo de crise. Essa revelação ocorre gradualmente ao longo do Antigo e do Novo Testamento, mas encontra sua expressão mais evidente na vida, nos ensinamentos, na morte e na ressurreição de Jesus e nas doutrinas cristãs que o refletem.

Em outras palavras, há um paralelo importante entre a maneira como René Girard interpretou a literatura e a maneira como ele aborda o texto bíblico. Há uma diferença crucial entre a "mentira romântica" e a "verdade romanesca" (entre aqueles trabalhos de literatura que continuam a insistir sobre a autonomia do eu humano e aqueles que reconhecem que isso é uma perigosa ilusão), mas há uma lacuna ainda mais fundamental entre o mito (encobrindo a verdade das origens humanas violentas) e o Evangelho (que expõe e indica para que serve o processo do bode expiatório, assim como a falsa transcendência fundada sobre ele).

É a mesma distinção? Para nossos propósitos vale a pena considerar a leitura de Girard da Bíblia como outra versão da luta entre a "mentira romântica" e a "verdade romanesca", precisamente no modo como ele lê Proust, Dostoiévski e outros de seus estimados romancistas.

A possibilidade de maneiras diferentes e opostas de ler a Bíblia não é surpresa para ninguém, é claro. Como William Blake diz em um de seus epigramas: "Nós dois lemos a Bíblia dia e noite / Mas tu lês negro onde eu leio branco". Nesse caso, eu gostaria de propor três abordagens gerais para o texto bíblico – talvez possamos até querer chamá-las de "grandes narrativas". A primeira (A) é uma narrativa relativamente neutra da história da Bíblia conforme foi lida pela ortodoxia cristã ao longo dos séculos. A segunda das "grandes narrativas" (B) é uma composição de fôlego sobre por que, para muitos pensadores modernos, a visão bíblica de Deus tem de ser rejeitada. Precisa sem dúvida de um grande refinamento, mas a ideia geral do argumento é bastante familiar. (C) É mais ou menos uma compreensão girardiana da história bíblica.

A. Se lermos a Bíblia como uma narrativa simples, ela conta a história da criação de um universo bom por Deus. Infelizmente, devido à desobediência dos primeiros humanos, acontece uma "queda" que afasta a humanidade (e toda a criação) do estado de graça que Deus planejou para eles. Esse ato de desobediência foi especialmente sério porque foi um ato ilegítimo de autoafirmação, como aquele de Satanás, pelo qual Adão e Eva tentaram se tornar "como Deus".

Como resultado, a humanidade desaba em "queda livre", e todo o mal que agora sofremos, incluindo a violência e a própria morte, deriva da desobediência inicial. Toda a história bíblica é um registro da tentativa de Deus de corrigir essa catástrofe, em primeiro lugar estabelecendo uma aliança com o povo "escolhido", que oferecerá a obediência que faltava por parte de nossos primeiros pais por viverem fora da Lei a eles confiada.

Ainda assim, um grande dilema teológico permanece, um dilema que foi evidente a São Paulo e conhecido pela formulação de Santo Anselmo. Os seres humanos são os únicos que deveriam consertar o estrago que fizeram, mas esse estrago foi tão extenso que somente Deus é capaz de repará-lo. Viver uma vida correta sob a Lei ainda não é o suficiente. Há a necessidade do "Deus--Homem", Jesus, que vem ao mundo com o objetivo de fazer o que é necessário para consertar as coisas (W. H. Auden se refere a ele como o "suave mecânico"!). Em muitas compreensões da salvação, Jesus paga nossa dívida com Deus, ou evita a ira do Pai, por assim dizer, nos defendendo no banco dos réus. Sua obediência compensa a desobediência de Adão e Eva (como no *Paraíso Perdido* e no *Paraíso Recuperado*, de John Milton), e para aqueles que aceitam sua oferta de perdão e se afastam do pecado, há a promessa de uma nova vida, que é essencialmente uma restauração do plano original de Deus para nós.

B. A revelação bíblica é inimiga da liberdade e da prosperidade humana. O Deus do Antigo e do Novo Testamento é tão somente uma projeção dos medos humanos, expectativas e obsessões como as divindades do panteão grego e romano, e os seres humanos que continuam a considerá-lo seriamente condenam-se a um estado de dependência infantil. Quer consideremos a narrativa da queda no Gênesis, quer códigos tribais arcaicos e proibitivos como o decálogo, fica claro que esse "Deus" (a figura caricaturada por William Blake como "Papai Ninguém" [*Nobodaddy*]) não tem interesse em pessoas vivendo vidas de verdadeira autonomia moral. Pior, muitas histórias sobre ele somente reforçam um patriarca despótico e violento, que precisa ser rejeitado em nome da integridade humana.

A figura de Jesus no Novo Testamento com certeza suaviza a imagem, pois ele é um compassivo professor de ética; mas sua verdadeira contribuição humana precisa sempre ficar defronte de qualquer "verdade" religiosa que seja. Jesus fica do lado da humanidade contra a religião. Isso é confirmado pelo fato de que líderes religiosos não puderam tolerar suas mensagens subversivas e transgressões cultuais, e o enviaram para a morte.

Uma rejeição dos princípios da fé bíblica, ao longo destas linhas, poderia estar no coração de muitos críticos da religião desde o Iluminismo. A declaração de que a crença em Deus é uma questão de projeção, é claro, pode ser encontrada em Feuerbach, Marx e Freud, enquanto a tensão entre moralidade autônoma e revelação divina como fundamentos incompatíveis para a conduta humana é explorada por Kant, especialmente em sua leitura do sacrifício de Abraão. Para Nietzsche, até mesmo a possibilidade de que a compaixão profética de Jesus possa representar uma face mais aceitável do código judaico-cristão é rejeitada, visto que Jesus é a encarnação da "moralidade escrava" baseada no *ressentimento*. Cada uma dessas leituras apresenta uma "hermenêutica da suspeita" que propaga a mesma mensagem: há uma oposição fundamental entre Deus e a família humana, de modo que por uma questão de bem-estar humano temos de rejeitar a revelação bíblica e seu Deus. (Os romances fantásticos de Philip Pullman, que não esconde sua antipatia para com a religião organizada, são uma manifestação popular desse tipo de pensamento.)

C. Para Girard, é justamente por causa da tendência humana para a projeção e para a falsa transcendência que a revelação bíblica é necessária. A plenitude dessa revelação é encontrada na mensagem de Páscoa: quando ajustamos nossos olhos à sua estranha luz, vemos uma história radicalmente diferente do segundo relato, e até mesmo do primeiro em aspectos importantes. A história bíblica é a história de um único, verdadeiro e amoroso Deus, exortando-nos a deixar de lado falsos deuses e a viver na verdade – e a mais importante das inverdades que precisa ser rejeitada é a falsa transcendência que brota de nossos desejos conflituosos e de nossa negociação deles através da violência sagrada. Toda a revelação bíblica não é nada mais que a luta de Deus para levar seu povo rumo à nova consciência que irá de fato "separá-lo" das outras nações. A face do verdadeiro Deus é aos poucos, mas inexoravelmente, revelada como infinitamente amorosa e completamente distante de toda violência.

Isso fica evidente em momentos-chave da história bíblica, nos códigos legislativos e nos mandamentos que procuram impedir ou renunciar à mímesis e à violência. O clímax desse processo de revelação no Antigo Testamento ocorre com a figura do servo de Iahweh, em Isaías, que parece ser um bode expiatório para o povo, mas é revelado como o ungido pelo Senhor cujos sofrimentos são vistos pelos cristãos como uma antecipação aos de Cristo. No Novo Testamento, é a pregação de Cristo, ratificada por sua morte e ressurreição, que manifesta a verdade de Deus como Pai amoroso de modo ainda mais claro. Jesus enfatiza plenamente a conexão entre um desejo distorcido e a autoafirmação violenta, e ele é especialmente crítico de um sistema religioso que mascara essa ligação e se recusa a assumir a responsabilidade por ela. Somente confrontando esse sistema diretamente é que toda a força assassina do processo do bode expiatório pode ser exposta e tornada ineficaz. Somente aí a verdadeira face de Deus é revelada.

Em resumo, não pode haver uma verdadeira oposição – não há "rivalidade metafísica", para usar o termo de Girard – entre Deus e a humanidade. É um equívoco conceber as relações entre Deus e homem como uma dialética hegeliana entre senhor e escravo – ainda que a modernidade e seus grandes pensadores persistam justamente nessa visão da questão. Na medida em que homem e mulher se ajustam ao verdadeiro Deus, e com seu projeto para a humanidade, eles vivem na verdade. Entretanto, se eles insistem na afirmação de sua independência e autonomia defronte de Deus, estão perpetuando uma versão bíblica da "mentira romântica", que não oferece saída da espiral de desejo e violência. Tal afirmação falsa da humanidade só pode levar à autodestruição.

Aqueles familiarizados com a hermenêutica de Paul Ricoeur podem querer ver nessas três leituras o modelo conhecido de "primeira ingenuidade/crítica/segunda ingenuidade", e em muitos aspectos a teoria de Girard é uma tentativa de ler a Bíblia novamente à luz das críticas dos "mestres da suspeita", como Freud e Nietzsche. O que segue é uma consideração de algumas das passagens bíblicas que se prestam a essa nova leitura. Da enorme quantidade de material que poderia ser citado aqui, as seis passagens e episódios seguintes estão entre os mais significativos. Examinarei cada um deles brevemente e então os unirei ao apresentar o cristianismo de Girard como essencialmente joanino. De fato, pode-se dizer que a antropologia fundamental de Girard é uma reflexão sobre uma única citação bíblica, João 11,49-52, que declara, com a típica ambiguidade joanina, que Jesus tanto é, como não é, um bode expiatório:

> Um deles, porém, Caifás, que era Sumo Sacerdote naquele ano, disse-lhes: "Vós nada entendeis. Não compreendeis que é de vosso interesse que um só homem morra pelo povo e não pereça a nação toda?". Não dizia isso por si mesmo, mas sendo Sumo Sacerdote naquele ano, profetizou que Jesus iria morrer pela nação – e não só pela nação, mas também para congregar na unidade todos os filhos de Deus dispersos.[3]

---

[3] Nas citações da Bíblia, foi utilizada a tradução da *Bíblia de Jerusalém*. São Paulo, Paulus, 2010. [N. E.]

(a) A narrativa da queda (Gênesis 1-4)

Os primeiros capítulos do Gênesis conectam três eventos que deveriam ser vistos numa sequência causal: a queda de Adão e Eva, depois que eles desobedeceram à prescrição de não comer da fruta; a morte de Abel pelas mãos de seu irmão Caim; e a destruição do mundo por meio do dilúvio. O gesto inicial de apropriação pelo primeiro casal (como resultado, deve-se observar, de um desejo mediado a eles pela serpente) é o prólogo para desastres piores: para a morte de Abel, que é assassinado como resultado da vingança invejosa de seu irmão, e depois para o caos generalizado e a indiferença em que a sociedade humana cai antes do dilúvio. De fato, até o assassinato de Abel possui uma interpretação mimética. Girard apresenta a intrigante explicação de que de fato ambos os irmãos são potencialmente assassinos, mas Abel tem uma "válvula de escape" através do sacrifício animal que Caim não tem, e assim a agressão do último é aliviada em seu irmão.

Assim como Rômulo, assassino de seu irmão Remo, Caim é o fundador da cultura: ele é "o construtor de uma cidade". Contudo, a condenação de Caim por Deus distingue essa história do mito romano, que em grande parte justifica o fratricídio. Ao mesmo tempo, Deus coloca um sinal em Caim com o objetivo de distingui-lo e desencorajar mais violência mimética.

(b) Abraão e Isaac (Gênesis 22)

A história de como Abraão é chamado por Deus para sacrificar seu único filho, Isaac, como um teste de sua fé é certamente uma narrativa bastante problemática e difícil. A crítica feminista Phyllis Trible se referiu a essa e a histórias similares no Antigo Testamento como "textos de terror". Immanuel Kant dizia que nenhum comando de Deus pode ou deveria ser respeitado se fosse contra as leis morais, e aqui Abraão está claramente sendo solicitado a praticar uma ação imoral. Mesmo na tradição cristã, há alguma coisa muito assustadora em relação a esse texto, que normalmente é apresentado como uma comemoração de Abraão, "nosso pai na fé", em aparente negligência ao fato de que em seu coração está o assassinato planejado de um menino. Como poderia um Deus amoroso colocar alguém a teste dessa forma horrível?

Entretanto, a história parece diferente se olharmos para sua provável intenção pedagógica, que é aquela de afastar os israelitas da prática do sacrifício humano, especialmente de crianças; um ritual ainda realizado por seus vizinhos, e a que os próprios israelitas renunciaram somente com a maior dificuldade. Se isso é o que ocorre, então um drama que expõe o fato da desaprovação de Deus dessa forma de sacrifício é, na realidade, uma "pista" antropológica muito importante. No texto há claros indícios de mudanças que aconteceram no decurso da edição – até ao ponto de haver dois nomes diferentes para Deus! "Elohim" ordena o sacrifício, mas o comando que o anula vem de "Iahweh". Mais um sinal de o texto ser editado, mas sem remover totalmente os vestígios do sacrifício humano, é o fato de que Abraão desce da montanha sozinho no versículo 19. O estudioso Bruce Vawter propôs que deveríamos ler esse texto com a "generosidade" que seu autor pretendia. Abraão chegou a uma nova concepção do que é agradável a Deus, a uma nova concepção do próprio Deus. Esse santuário obscuro no deserto é aqui celebrado como o lugar em que foi trazido ao coração do homem que Deus prefere não apenas obediência a sacrifício, mas também que havia alguns sacrifícios que Ele não queria de jeito nenhum:

> Seria de surpreender se não houvesse registro algum, nenhuma consciência demonstrada, do progresso que certa vez aconteceu na história da religião, do novo *insight* que foi dado na natureza de Deus e suas exigências, que responde por tais visões diametralmente opostas sobre o sacrifício humano como aquele de Israel por um lado, e daquele do resto de seu mundo cultural por outro. Podemos sugerir que Gênesis 22,1-14 pode ser lido como o registro de tal progresso, ou ao menos uma parte dele. [...] Se precisamos resistir à tentação de ler nessas histórias mais do que elas pretendem dizer, precisamos também não sucumbir à tentação oposta de sustentar um significado reles e desprezível quando deveria ser brioso. Afinal, Israel fez praticamente sozinho com que seus companheiros levantassem seus olhos para uma visão de Deus e da religião que relegou a outrora respeitável instituição do sacrifício humano para o desagradável remanso da superstição e da

barbárie. Não deve parecer estranho que seu grande antepassado Abraão deve ter pensado em antecipar esse engrandecimento do espírito humano assim como ele tenha antecipado muito do que é israelita nas páginas do Gênese.[4]

(c) José e seus irmãos (Gênesis 37)

O relato dos sofrimentos de José nas mãos de seus irmãos tem para Girard o caráter de um mito persecutório inteiramente visível. Ele especula que aqui, como em outros lugares (por exemplo, a bênção de Isaac a Jacó), os escritores bíblicos remodelaram uma mitologia preexistente para seus próprios propósitos. Na verdade, a história preexistente é invertida, assim como a relação entre a vítima e a comunidade persecutória. José quase é morto, mas escapa; o animal que é morto a fim de criar a impressão da morte de José é um substituto. Há ainda ecos do mito de Édipo, visto que Putifar é verdadeiramente um pai substituto para José, e assim a acusação da esposa de Putifar tem uma conotação incestuosa. Na história toda, a reabilitação da vítima (primeiro José, depois Benjamim), e não sua sacralização, significa que os efeitos sagrados do processo do bode expiatório não ocorrem. José não é nem demonizado nem divinizado, mas permanece humano – e por perdoar seus irmãos ele é capaz de encontrar uma convivência não violenta com eles.

---

[4] Bruce Vawter, *On Genesis; A New Reading*. Londres, Chapman, 1977, p. 256.

(d) O Servo de Iahweh

Em contraste com a tendência da mentalidade do bode expiatório, muitos textos do Antigo Testamento são parciais em relação à vítima perseguida. Esse tema aparece nos Salmos, nos escritos proféticos e nos diálogos do Livro de Jó. O ponto principal do Antigo Testamento a esse respeito são as quatro Canções do Servo em Isaías (Isaías 42,1-9; 49,1-6; 50,4-11; 52,13-53,12). Elas descrevem o destino do servo de Iahweh, que é atacado e insultado pelos homens. "O mais surpreendente aqui, o traço com certeza único, é a inocência do Servo, o fato de que ele não tem nenhuma relação com a violência, nenhuma afinidade com ela."[5] Seu destino é idêntico ao do bode expiatório:

> Após detenção e julgamento, foi preso.
> Dentre os contemporâneos, quem se preocupou
> com o fato de ter sido cortado da terra dos vivos,
> de ter sido ferido pela transgressão do seu povo?
> Deram-lhe sepultura com os ímpios,
> seu túmulo está com os ricos,
> embora não tivesse praticado violência
> nem houvesse engano em sua boca.[6]

Estas últimas linhas são decisivas; a inocência do Servo é preservada quando o narrador fica ao seu lado. Há também

---

[5] René Girard, *Coisas Ocultas desde a Fundação do Mundo*. Trad. Martha Gambini. São Paulo, Paz e Terra, 2008, p. 200.
[6] Isaías 53,8-9.

um afastamento do julgamento típico das religiões míticas, em que a vítima está sendo punida por Deus; aqui, esse aspecto do mecanismo do bode expiatório é descoberto:

> Mas nós o tínhamos como vítima do castigo,
> ferido por Deus e humilhado.
> Mas ele foi trespassado por causa das nossas transgressões,
> esmagado por causa das nossas iniquidades.[7]

Assim, temos textos que revelam o mecanismo do bode expiatório e tomam o lado da vítima. O "diálogo" entre Deus, o Servo e o povo assemelha-se ao intercâmbio entre personagens e coro em um teatro grego. Quer o "Servo" seja uma identidade coletiva (por exemplo, o povo de Israel), quer um único indivíduo, é imaterial, e ambos permitiriam uma interpretação mimética: "todas as nações contra Israel" é estruturalmente o mesmo caso de uma multidão de malfeitores contra um indivíduo. Como Raymund Schwager deixa claro, em parte alguma no texto de Isaías há uma oração por vingança sobre seus inimigos, como encontramos em Jeremias ou em muitos Salmos. É essa ausência do tema da vingança, tão difundida no Antigo Testamento, que nos alerta para alguma coisa realmente nova no comportamento não violento do Servo.

Na quarta Canção, as mesmas pessoas que perpetraram sua punição agora vêm reconhecer que o Servo sofreu

---

[7] Isaías 53,4-5.

vicariamente por muitos (53,4-12). Os vitimizadores reconhecem a consequência de sua perseguição; há também a perturbação do mecanismo normal, pelo qual os crimes dos malfeitores recaem sobre os perpetradores. Em vez disso, uma pessoa inocente é atingida vicariamente. A livre aceitação do Servo dessas malfeitorias tem dois efeitos: assegura que elas não recairão sobre as cabeças dos perpetradores como vingança e, assim, possibilita-lhes chegar a uma compreensão maior de suas ações. Como essa conscientização surge não é algo claro, mas parece ser a não violência da vítima que abre seus olhos: "Porque ele carregou as ofensas de muitos para que todos vejam, ele se tornou uma luz para as nações. Ao delegar a seu servo a adoção de uma nova atitude, Deus ao mesmo tempo revelou a si próprio de uma nova maneira".[8]

(e) Os ensinamentos de Jesus e sua crítica profética da religião

O Sermão da Montanha exemplifica como os ensinamentos familiares a Jesus, de sua tradição judaica, são radicalizados, de modo a combater o conflito mimético em sua própria fonte: os desejos do coração. Não é que só o assassinato e o adultério são errados, mas os apetites que levam a essas ações – a saber, a ira e a luxúria – também precisam ser reconhecidos e controlados. Jesus exorta seus seguidores a ações de renúncia que podem quebrar o ciclo de violência punitiva, tal qual dar a outra face, caminhar um quilômetro

---

[8] Raymund Schwager, *Must There Be Scapegoats? Violence and Redemption in the Bible*. São Francisco, Harper & Row, 1987, p. 133.

a mais, e assim por diante. Mesmo para um crente, isso parece o auge da loucura e da fraqueza; e ainda mais, diz Girard, em nosso mundo moderno, que perdeu sua capacidade de canalizar e controlar a violência com segurança, tais prescrições passam a ter um sentido aterrorizante.

Muitas das ações de Jesus corroboram esse chamado ao amor incondicional, tais quais seu perdão dos pecados e sua comunhão de mesa com pecadores. Parábolas como a da Ovelha Perdida (que é procurada pelo pastor, mesmo deixando 99 ovelhas soltas) são a reversão da mentalidade do bode expiatório, que está sempre pronta a sacrificar um indivíduo pelo bem da maioria. Em *O Bode Expiatório*, Girard tem uma poderosa leitura da versão de Marcos para o geraseno endemoninhado (Marcos 5), que é para ser lida como uma imagem espelhada da perseguição de um bode expiatório. Ao fim da história, o homem atormentado está sentado no topo do penhasco, vestido e em perfeito juízo, enquanto a comunidade que o tinha perseguido ("Nós somos Legião") foi simbolicamente "expulsa" sob a forma de porcos que são enviados para o penhasco. Não é surpreendente, dada a turbulência que isso causou a seus arranjos sociais excludentes, que as próprias aldeias temeram a Jesus e pediam a ele que saísse do local.

É em seu confronto com os escribas e fariseus que o significado da crítica de Jesus ao processo do bode expiatório é mais evidente. Isso ajuda a explicar por que sua polêmica contra os líderes religiosos é tão feroz: sua recusa em reconhecer a violência persecutória que está no cerne de sua observância religiosa significa que eles continuarão a ser cúmplices em crimes cometidos em nome de sua religião. Quando os líderes insistem que "Se estivéssemos vivos nos dias dos nossos pais, não teríamos sido cúmplices deles no derramar o sangue dos profetas" (Mateus 23,30), eles enganam a si mesmos e permanecem aprisionados no ciclo de violência. "Ai de vós, escribas e fariseus, hipócritas, que edificais os túmulos dos profetas e enfeitais os sepulcros dos justos" (Mateus 23,29). Portanto, eles são responsáveis pela morte de todos os profetas que foram assassinados, de Abel a Zacarias – o A-Z da vitimização. Sua negação da cumplicidade significa que eles são "sepulcros caiados", exibindo uma face aceitável para a mortal corrupção interna. Em um insulto ainda mais ameaçador, Jesus acusa os escribas de serem "túmulos sem identificação", pisados por homens que não têm a menor ideia a respeito das vítimas sob seus pés.

As críticas de Jesus às autoridades religiosas são inequívocas. O que não é tão claro é a dimensão com a qual elas podem ser relacionadas aos elementos antirritualísticos ou antissacrificiais nos ensinamentos de Jesus. Esses certamente estão presentes: o próprio Jesus cita o profeta Oseias e diz que Deus exige perdão, e não sacrifício (Oseias 6,6; Mateus 9,13;12,7), e ele enfaticamente relativiza prescrições a respeito da observância do sábado e da pureza ritual. É fácil subestimar tais indicadores, no entanto, e conforme veremos, os argumentos sobre a legitimidade da linguagem de "sacrifício" com referência a Cristo avultam abundantemente no desenvolvimento da teoria mimética. Em todo o caso, no momento de escrever *Coisas Ocultas*, Girard estava convencido de que a postura profética de Jesus contra a ação ritual como tal devia ser entendida como parte de sua estratégia contra o bode expiatório.

(f) A Paixão e a Ressurreição

A narrativa da Paixão fica no centro do Novo Testamento, na teoria de Girard. O Novo Testamento reconhece em Jesus um bode expiatório injustamente perseguido, embora a expressão usada seja "Cordeiro de Deus". Com esse tema, Jesus é identificado com a figura do Servo Sofredor em Isaías, assim como em outros textos da escritura judaica, em que o ponto de vista da vítima é tomado e o mecanismo do bode expiatório, desvendado. Girard lê o apedrejamento de Estêvão, o primeiro mártir cristão, da mesma maneira.

O desvelamento acontece como um tipo de representação dramática. Aqui, podemos nos basear no relato de Raymund Schwager, um dos colaboradores teológicos mais importantes de Girard, cujo *Jesus im Heilsdrama* [Jesus e o Drama da Salvação] estabelece uma apresentação do papel de Jesus em cinco atos, por assim dizer: o Ato I abre com o oferecimento de Jesus de perdão divino incondicional e salvação de Israel; o Ato II inclui tanto a resposta pública negativa ao chamado de Jesus ao arrependimento, como a reação de Jesus à rejeição geral de sua mensagem. Este segundo ato apresenta a crise, levando ao fundamental Ato III, que é uma apresentação e interpretação da crucificação.

A proclamação do reino por Jesus não produziu a resposta coletiva que ele esperava. Parece que sua missão terminou em fracasso, e que o infortúnio irá uma vez mais assaltar o povo de Israel. Portanto, ele simbolicamente completa sua missão para com Israel através da limpeza do templo, e agora oferece sua vida como um ato de reparação pela força coletiva do pecado humano. Crucial para a transição entre os atos nesse momento é a inquietante parábola da vinha, que aparece em todos os três Evangelhos Sinópticos. Segundo Isaías 5, os ouvintes de Jesus saberiam que a expressão "um homem plantou uma vinha" se refere ambiguamente à relação de Deus com Israel:

> Um homem plantou uma vinha, cercou-a de uma sebe, abriu um lagar, construiu uma torre. Depois disso, arrendou-a a alguns vinhateiros e partiu de viagem. No tempo oportuno, enviou um servo aos vinhateiros para que recebesse uma parte dos frutos da vinha. Eles, porém, o agarraram e espancaram, e mandaram-no de volta sem nada. Enviou-lhes de novo outro servo. Mas bateram-lhe na cabeça e o insultaram. Enviou ainda outro, e a esse mataram. Depois mandou muitos outros. Bateram nuns, mataram os outros. Restava-lhe ainda alguém: o filho amado. Enviou-o por último, dizendo: "Eles respeitarão meu filho". Aqueles vinhateiros, porém, disseram entre si: "Este é o herdeiro. Vamos, matemo-lo, e a herança será nossa". E agarrando-o, mataram-no e o lançaram fora da vinha. Que fará o dono da vinha?[9]

[9] Marcos 12,1-8.

Nas versões de Marcos e Lucas da parábola, Jesus responde a sua própria questão; em Mateus a resposta é posta na boca de seus ouvintes: "Virá e destruirá os vinhateiros e dará a vinha a outros". Em todos os três, a parábola segue com Jesus lembrando sua audiência do Salmo 118, um salmo de ação de graças: "A pedra que os construtores rejeitaram tornou-se a pedra angular; isso vem de Iahweh, e é maravilha aos nossos olhos" (Salmo 118,22-23).

Conforme os acontecimentos da Semana Santa se desdobram e Jesus se torna mais isolado, ele ainda persiste em "ordenar" o amor incondicional de Deus através de gestos como a instituição da Eucaristia na Última Ceia, e finalmente ao morrer na cruz, sem nunca clamar por vingança sobre seus inimigos, ele morre como um "bode expiatório", com todos alinhados contra ele: "Herodes e Pôncio Pilatos, com as *nações* pagãs e os *povos* de Israel" contra Jesus (Atos 4,27) – até seus amigos tomaram parte, indiretamente, nessa aliança, visto que todos eles abandonaram Jesus ou o traíram. O julgamento sofrido por Jesus é uma ação humana, não um ato divino. Contudo, ele é morto e sepultado, e a verdade da mensagem de Jesus permanece uma questão aberta, que somente pode ser respondida por um ato de Deus.

No Ato IV, essa ambivalência é admiravelmente solucionada com a ressurreição como o julgamento decisivo do Pai celestial. Para Schwager, a ressurreição engloba duas coisas: primeiro, um julgamento divino em favor do Jesus crucificado; segundo, um surpreendente avanço para um novo e inesperado estágio da autorrevelação de Deus. O que Deus faz, ao levantar Jesus dos mortos, é um contraste completamente inesperado às ações esperadas do dono na parábola da vinha. Deus não apenas abstém-se de vingança, mas também perdoa o assassino de seu Filho, e abre um novo caminho de reconciliação para seus assassinos: "uma misericórdia maior do que qualquer um pode conceber".

Finalmente, o Ato V do esquema dramático de Raymund Schwager trata da descida do Espírito Santo em Pentecostes e da nova reunião da Igreja. O Espírito opera sobre todos na transformação interna dos indivíduos e da nova assembleia. Os esforços iniciais de Jesus para juntar Israel falharam, mas o envio do Espírito Santo é um "segundo sinal" do convite de Deus. Através do Espírito (chamado *Paráclito*, palavra grega que significa, entre outras coisas, o advogado de defesa), Deus é capaz de atingir e transformar o núcleo do coração humano, pela celebração da Eucaristia e por um profundo discernimento na fé. Outra palavra para esse discernimento é: a inteligência da vítima, a nova perspectiva que toma lugar, conforme os cristãos tomam consciência do que aconteceu e de como Deus finalmente abre caminho até eles.

Consideramos seis passagens do Antigo e Novo Testamento que pareciam fornecer evidências para uma leitura mimética do texto bíblico. Há inúmeras outras que têm sido usadas, tanto por Girard como por outros estudiosos. Por exemplo, Girard tem escrito sobre o Livro de Jó como uma narrativa do bode expiatório, enquanto a história do profeta Jonas expõe muitos dos aspectos do processo do bode expiatório, mas também um caminho para sair dele. A leitura de Girard do Decálogo em *Je Vois Satan Tomber comme l'Éclair* demonstra uma visão nova dos Dez Mandamentos, como um modo de restringir o conflito que pode emanar do desejo mimético. Em todas essas narrativas há alusões, mais ou menos fortes, de como uma saída da espiral de vingança violenta pode ser encontrada, rumo a uma comunidade construída sobre uma convivência de não rivalidade – embora somente com a ajuda de Deus, e por conversão pessoal e comunitária. O que quer que se faça da teoria mimética de Girard, não há dúvida de que ela produziu, baseada em Girard e outros, leituras dos textos bíblicos por vezes com surpreendente poder e criatividade.

Todo o drama bíblico, para Girard, não é nada mais que o tipo de luta rumo à conversão e a iluminação que encontramos em Proust e Dostoiévski, apesar de, obviamente, o ser em uma escala muito maior. O teor da conversão é o mesmo: uma mudança radical de perspectiva, que surge quando o sujeito é confrontado com a realidade de seu próprio desejo imitado, seu vazio ontológico, e da violência que disso emerge. É o momento de realização que é expresso em Atos, quando Pedro prega para a multidão aturdida: "Quem vós crucificastes, Deus o fez Senhor e Messias":

> Ouvindo isso, eles sentiram o coração transpassado e perguntaram a Pedro e aos demais apóstolos: "Irmãos, que devemos fazer?". Respondeu-lhes Pedro: "Arrependei-vos, e cada um de vós seja batizado em nome de Jesus Cristo para a remissão dos vossos pecados. Então recebereis o dom do Espírito Santo".[10]

---

[10] Atos 2,37-38.

À medida que o conteúdo da antiga pregação cristã pode ser discernido, o choque da reversão do destino de Jesus – a pedra que os construtores rejeitaram se tornou a pedra angular – é algo central. Aqui, como em toda parte, um grande significado é dado ao fato de que os perseguidores agiram sem conhecimento do que faziam. Pedro, mais uma vez:

> O Deus de Abraão, de Isaac, de Jacó, o Deus de nossos pais glorificou o seu servo Jesus, a quem vós entregastes e negastes diante de Pilatos, quando este já estava decidido a soltá-lo. Vós acusastes o Santo e o Justo, e exigistes que fosse agraciado para vós um assassino, enquanto fazíeis morrer o Príncipe da vida. Mas Deus o ressuscitou dentre os mortos, e disso nós somos testemunhas. [...] Entretanto, irmãos, sei que agistes por ignorância, da mesma forma como vossos chefes. Assim, porém, Deus realizou o que antecipadamente anunciara pela boca de todos os profetas, a saber, que seu Cristo havia de padecer.[11]

O âmbito do pedido de Girard para uma leitura mimética dos Evangelhos pode ser apreciado ainda mais se compararmos o capítulo de abertura do Gênesis e o prólogo do Evangelho de João. Cada um nos diz o que aconteceu "no início": "No prólogo de João, é toda a Bíblia que é

---

[11] Atos 3,13-15;17-18.

recomeçada na perspectiva do Logos expiatório".[12] A narrativa da Queda no Gênesis fala sobre uma criação boa que começa a ir mal por causa de um ato de apropriação de Adão e Eva. Não é simplesmente que a fruta seja desejável como um objeto: o que ela significa, o conhecimento do bem e do mal, e, posteriormente, uma parte no próprio Ser de Deus faz disso um exemplo de mímesis "metafísica", e não apenas "aquisitiva". Em todo o caso, a fruta é comida, e a triste cena segue, na qual recriminações são lançadas, até mesmo a sugestão de que Deus não é inteiramente isento de culpa em tudo isso (Adão afirma maliciosamente que "a mulher que me deste me *tentou*"). Há punições e uma expulsão: o casal é enviado para fora do Paraíso – parecia uma medida preventiva de Deus, caso eles comessem da Árvore da Vida e se tornassem rivais dele. Ninguém sai dessa muito bem, e certamente nem Deus.

Se nos voltamos para o prólogo de João, no entanto, o que encontramos é a narrativa do Gênesis reescrita – da perspectiva de Deus, ou como se fosse, portanto, de uma perspectiva que não tem nada da ansiedade mimética ou vingança retributiva. "O Logos de João é sem dúvida o Logos estrangeiro à violência, é então um Logos sempre expulso, um Logos que nunca está aqui, e que nunca determina nada de modo direto nas culturas humanas."[13] Tais culturas são fundadas no outro "logos" da filosofia grega, que só conhece "o conflito como rei e pai de todas as coisas". Em que a narrativa do Gênesis expõe uma

---

[12] René Girard, *Coisas Ocultas desde a Fundação do Mundo*, op. cit., p. 324.
[13] Ibidem, p. 320-21.

rivalidade entre Deus e os seres humanos criados por ele, o prólogo nos assegura de que aqueles que acreditam em Cristo estão convidados a se tornarem "filhos de Deus". Em outras palavras, a própria identidade que Adão e Eva procuraram no Gênesis está sendo oferecida aqui como um dom gratuito.

Assim como a narrativa do Gênesis, o prólogo de João fala da expulsão, mas aqui não são os seres humanos que são expulsos por Deus. Ao contrário, é o Verbo, a luz de todos os homens, que não é recebido pelo mundo – "mas os seus não o receberam". Para expor esse acontecimento de forma mais precisa: o "não recebimento" do Verbo é, claro, o ato de rejeição violenta que é a Crucificação. Mais uma vez, temos o avesso do mito: um relato mitológico é redirecionado. Para além do caráter evasivo encontrado nas narrativas do Gênesis (Caim negando a responsabilidade por seu irmão assassinado), o prólogo elucida a verdadeira origem e direção da violência, de uma vez por todas.

Há mais um refinamento joanino para o argumento aqui apresentado. No quarto Evangelho, o momento da morte de Jesus é também o momento de sua glória, em que sua verdadeira identidade é revelada. Em outras palavras, é somente como o Cordeiro de Deus que a verdadeira face de Deus pode ser apreendida no mundo – no exato momento de sua expulsão. Isso ocorre também no Evangelho de Marcos, quando o centurião declara que Jesus é o Filho de Deus, mesmo que tenha morrido na cruz. É precisamente no momento da expulsão, e somente aí, que Deus é revelado.

O desfecho disso é que Deus *nunca* pode ser reconhecido como um dos perseguidores. É negado enfaticamente todo o envolvimento de Deus com ações violentas. Igualmente a ressurreição precisa ser vista como sua declaração de seu absoluto não envolvimento com a morte violenta, muito menos com a retribuição que se poderia esperar, seguinte ao massacre de seu Filho. No entanto, somente "desempenhando um papel" na Paixão, e tomando a parte da vítima inocente, Jesus foi capaz de iniciar o traumático processo da conversão, que permitiu àqueles que "não sabem o que fazem" serem iluminados e terem uma conversão na alma.

A fim de realizar uma verdadeira revelação dos mecanismos de violência, Jesus precisa ser completamente independente do mundo, e seu *insight* na lógica da violência pode vir somente de "fora" do mundo. Girard fala aqui de uma transcendência que é completamente diferente da falsa transcendência realizada pelo processo do bode expiatório. A divindade de Jesus não resulta de sua sacralização como um bode expiatório na cruz; pelo contrário, ele é "desde a eternidade gerado por Deus". Porque Jesus não tem sua origem na vontade do homem, nem no desejo da carne, mas em Deus, um perfeito amor não violento é uma possibilidade para ele. Por essa razão, Girard encontra um novo significado na doutrina da concepção imaculada de Jesus. Se compararmos os relatos da natividade em Mateus e Lucas com os grosseiros e violentos "mitos" pagãos sobre a relação divina com a mulher, vemos como a doutrina cristã enfatiza a distância de Jesus do mundo de coerção em que os homens (e as falsas divindades) têm sua origem.

Girard e Nietzsche

Para Girard, tudo isso demonstra a singularidade do cristianismo. Em nenhum outro lugar ele encontra expressos tão clara e compreensivamente os *insights* antropológicos, que ele lutou para encontrar, como na Bíblia. Conforme essa concepção foi se enraizando, ele desenvolveu uma apologia decidida do cristianismo, na medida em que o desejo de diferenciá-lo de outras perspectivas religiosas se torna uma preocupação primordial. Isso leva a certa quantidade de ambivalência em sua discussão sobre o sacrifício. De qualquer modo, o texto que lhe permite articular uma solução para o problema da diferença entre a perspectiva bíblica e outra perspectiva religiosa mais geral não vem de uma fonte cristã, mas de Friedrich Nietzsche.

Já vimos no capítulo 1 que a compreensão de Girard do desejo mimético requer uma visão global sobre o tema do ressentimento. Aqui, é a obsessão de Nietzsche com o cristianismo e sua alternativa que o preocupa, tema que é relativamente negligenciado pelos estudiosos contemporâneos. Para Girard, essa negligência é um mutilamento do que é "verdadeiramente estimulante e original no *corpus* nietzscheano"; em particular, a asserção de Nietzsche sobre a singularidade do cristianismo, justamente porque vem de uma perspectiva anticristã, precisa ser levada a sério. A relação entre o culto de Dioniso e uma violência necessária e perturbadora é mencionada em *O Nascimento da Tragédia*, mas o texto que atrai a atenção de Girard é um fragmento não publicado, relativo ao aforismo 1052 em *A Vontade de Potência* (1888):

Dioniso *versus* o "Crucificado"; eis a antítese. Não é uma diferença em relação a seu martírio, é uma diferença em relação ao seu significado. A vida mesma, sua eterna fecundidade e retorno, gera a angústia, a destruição, a vontade de aniquilação. [...] Por outro lado, o sofrimento, o "Crucificado como inocente", vale como uma objeção a essa vida, como uma fórmula para sua condenação. Pode-se adivinhar que problema é o significado do sofrimento: nem em um sentido cristão, nem em um sentido trágico. [...] No primeiro caso, supõe-se ser o caminho para uma existência sagrada, no segundo, a existência já é sagrada o bastante para justificar até uma imensidade de sofrimento. O homem trágico afirma até o mais duro sofrimento: ele é forte, completo, divinizado o bastante para isso. O homem cristão nega mesmo o estado de felicidade na Terra; ele é fraco, pobre, deserdado o bastante para sofrer, sem importar a condição da vida. [...] "O Deus na Cruz" é uma maldição sobre a vida, uma alusão de como salvar-se dela. Dioniso, cortado em pedaços, é uma promessa de vida: renascerá eternamente da aniquilação.

Então, Nietzsche especifica ainda mais a diferença realizada pela vitória dos Evangelhos cristãos sobre um "amor humano proibido":

O trabalho histórico particular do cristianismo consiste na elevação do egoísmo, o indivíduo – o egoísmo ao extremo, o extremo da imortalidade do indivíduo. Através do cristianismo o particular se tornou tão importante, tão absoluto, que não se pode mais sacrificar: isso não significa simplesmente sacrifício humano [...] o amor humano proibido deseja o sacrifício para o melhor da espécie – é duro, é cheio de vontade de poder, porque requer sacrifício humano. E essa pseudo-humanidade chamada cristianismo deseja fazer com que *ninguém seja sacrificado*.

Portanto, há dois tipos de religião: uma que é preparada para aceitar até mesmo o mais alto grau de sofrimento, para o bem dos altos valores que são assim preservados ou trazidos à existência, e uma que rejeita o sofrimento e procura superá-lo. Nietzsche toma partido de Dioniso, e sustenta que a Bíblia e o cristianismo são os responsáveis pela destruição de toda a cultura. Conforme Girard afirma, isso torna o cristianismo "antipagão". Nietzsche deve ser valorizado por todos os seus esforços "fundamentalmente antibíblicos" para transformar a mitologia em um tipo de Bíblia (que é o que junguianos fazem), ou para dissolver a Bíblia em mitologia (que é o que a maioria das outras pessoas faz).

Todavia, como Girard declarou em uma entrevista: "eu descreveria a mim mesmo de certa forma como contra – ou anti – Nietzsche". Ele se recusa a relevar as consequências desagradáveis e insustentáveis da defesa de Nietzsche da violência mitológica em seus últimos escritos: uma defesa que, para Girard, é responsável pela percepção atual de Nietzsche como um filósofo, um professor de ética ou um guia de "estilo de vida" e, no caso, um guia de "estilo de vida" irresponsável. A grandeza de Nietzsche consiste menos no teor positivo de seu pensamento do que em ter reconhecido a verdade do cristianismo de uma maneira incomparável, e por estar "profunda, mas paradoxalmente, envolvido" no processo de tornar a violência gerativa muito mais inteligível. Como Caifás, ele é o porta-voz involuntário desse processo, que é impelido pela revelação bíblica.

capítulo 4
método e objeções

Se houvesse uma "visão beatífica" nos escritos de Girard (ou, voltando à metáfora do *thriller* usada na Introdução, um momento em que todas as peças se encaixam), ela provavelmente ocorreria na discussão de Girard, em *Shakespeare: Teatro da Inveja*, sobre a cena da estátua ao final do *Conto do Inverno*. Eis, segundo Girard, o momento em que a humanidade de Shakespeare brilha, e também em que, pela primeira vez no seu teatro, "uma perspectiva transcendental silenciosamente entra em cena".

O clímax da peça mostra o rei Leontes contemplando o que ele acredita ser uma estátua de sua esposa falecida, Hermíone. Porque seu ciúme vicioso levou sua esposa e sua filha à morte (assim crê), ele é dilacerado pelo remorso do que destruiu. Nesse ponto, a estátua, que é a verdadeira Hermíone durante todo o tempo, "vem à vida" e uma reconciliação acontece. Girard não é o único crítico a ver o tema da ressurreição aqui, mas a cena é usada por ele como uma poderosa ilustração do que a experiência de "conversão = ressurreição", fundamental para a teoria mimética, realmente significa. Antes de tudo, ele a coloca no contexto de seu escrito anterior:

Em minha obra sobre o romance europeu, percebi que em todos os grandes romancistas há uma obra-chave, talvez duas, talvez até mais, cujas conclusões, ainda que longe de ser uniformes, pertencem todas ao mesmo grupo identificável porque todas reproduzem o padrão de morte e ressurreição. Esse padrão é banal e pode significar muito pouco, mas também pode referir-se à experiência que acabo de definir, tão fundamental para a grandeza das grandes obras e tão forte que os artistas são irresistivelmente levados a aludir a ela, geralmente no lugar da obra adequado a esse propósito: a conclusão. Em *Mentira Romântica e Verdade Romanesca*, chamei essas conclusões significativas de *conversões romanescas* – um rótulo enganoso, receio, uma vez que esse fenômeno transcende todas as distinções literárias, incluindo as distinções de gênero.[1]

Sua leitura da cena da estátua tira proveito do conceito de "pedra": a pedra da "estátua" de Hermíone; os corações de pedra que Deus prometeu a Ezequiel substituir por corações de carne; o *skándalon* ou a pedra de tropeço mencionada por Jesus, e que Girard usa como um termo técnico para um obstáculo mimético; as pedras que são

---

[1] René Girard, *Shakespeare: Teatro da Inveja*. Trad. Pedro Sette-Câmara. São Paulo, É Realizações, 2010, p. 616-17.

arremessadas contra as vítimas por toda a comunidade – ou, ao contrário, as pedras que eles depõem, "começando pelos mais velhos". Há também as duas pedras que se referem diretamente às narrativas evangélicas de ressurreição: a pedra pesada posta sobre o túmulo de Jesus; e a celebração de Jesus como a pedra rejeitada pelos construtores, que se tornou a pedra angular. As ressonâncias dessa única palavra, tomadas em conjunto, fornecem todos os elementos da teoria mimética.

> O que faz nossos corações virarem pedra é a descoberta de que, de um jeito ou de outro, somos todos carniceiros posando de sacrificadores. Quando entendemos isso, o *skándalon* que sempre conseguíamos transferir para um bode expiatório se torna nossa responsabilidade, uma pedra tão insuportavelmente pesada em nossos corações quanto o próprio Jesus sobre os ombros de Cristóvão na lenda do santo.
>
> Só uma coisa pode pôr fim a essa provação infernal: a certeza de ser perdoado. É isso que é concedido a Leontes quando ele finalmente percebe que Hermíone está sendo devolvida a ele viva. Esse é o primeiro milagre do gênero em Shakespeare; ele ainda era espetacularmente impossível ao final de *Rei Lear*, mas agora acontece pela primeira vez. Assim que a estátua passa de pedra a carne, o mesmo acontece com o coração de Leontes.

O modelo para essa conclusão só pode ser o próprio Evangelho, interpretado como dissolução do *skándalon* agora mencionado. Shakespeare deve ter reconhecido nos Evangelhos a verdadeira revelação não apenas de Deus, mas do homem, daquilo que a prisão mimética faz do homem. Seu gênio e mais do que seu gênio capacitaram Shakespeare a recapturarem sua conclusão algo que pertence exclusivamente aos Evangelhos, a qualidade não mágica, porém não naturalista, de sua ressurreição. Quanto mais examinamos a cena da estátua, mais somos lembrados daquilo que a ressurreição deve ser, uma ressurreição *da carne*, em contradistinção ao vaporoso mundo de espíritos convocados pela idolatria mimética. O reconhecimento retardado de Jesus não tinha nada a ver com uma menor visibilidade de seu corpo ressuscitado em razão da realidade menor do além fantasmagórico a que ele agora pertenceria. A verdade é o contrário. Essa ressurreição é real demais para uma percepção diminuída pelas falsas transfigurações da idolatria mimética.[2]

A simplicidade profundamente alegre dessa cena deveria nos relembrar de que os elementos básicos da teoria

---

[2] Ibidem, p. 620-21.

mimética não são tão difíceis de entender. Eles se movem do desejo conflituoso e da violência excludente à conversão, à ressurreição e ao perdão – embora o mais surpreendente seja ver essa linguagem bíblica sendo usada como crítica literária.

Todavia, Girard está certo de que esses *insights* fundamentais podem ter uma base científica e filosófica. Como um crítico disse, "a necessidade do reino de Deus se torna científica". Por causa disso, a discussão do "sistema" de Girard logo se torna extremamente complexa. O presente capítulo será mais abstrato do que os anteriores, pois tenta tanto aprofundar nosso conhecimento da teoria de Girard como até certo ponto tenta vê-la por inteiro – sem, em outras palavras, perder de vista a "visão beatífica". Iremos elucidar algumas das questões metodológicas levantadas pelo pensamento de Girard, e no processo ver algumas objeções que foram feitas contra elas.

A terceira das principais obras de Girard, e certamente sua obra mais extensa, apareceu em 1978. *Coisas Ocultas desde a Fundação do Mundo* é publicado como uma série de discussões entre Girard e dois psicanalistas. Não é um livro fácil de ler; mesmo assim, todos os elementos básicos da teoria mimética estão discutidos. O que o texto procura fazer é situar esses *insights* em um contexto científico e filosófico mais amplo. Girard publicou muito desde *Coisas Ocultas*, como um olhar sobre a bibliografia deixa claro. Todavia, com a publicação dessa obra, depois de *Mentira Romântica e Verdade Romanesca* e *A Violência e o Sagrado*, todos os princípios da teoria mimética tomaram forma explícita e pública, tornando possível uma avaliação global da vida e da obra de Girard.

Ficará claro por que a teoria de Girard é um *skándalon* para muitos, visto que ele corta a raiz de muitos preconceitos intelectuais. Reconheça-se que os especialistas não estão injustificadamente irritados com a petulância de um teórico que reivindica o poder explanatório na antropologia, na psicologia, na crítica literária, nos estudos bíblicos e na teologia (ainda que, para adeptos da teoria, essa confusão interdisciplinar seja justamente seu aspecto mais atraente). Por um lado, talvez isso, em si, não seja tão incomum, tanto que grande parte da teoria cultural contemporânea possui a mesma ambição; por outro, a teoria de Girard é um desafio explícito a certas tendências no pensamento pós-moderno, sobretudo por causa de sua aderência explícita ao cristianismo, que o coloca à margem do *establishment* acadêmico francês e americano.

A "obsessão" confessa de Girard com um número limitado de temas culturais e literários, tornando-o um "pensador porco-espinho", significa que muita coisa tende a ser excluída ou suposta em seus escritos. Críticos hostis encontrarão sem dificuldade trechos problemáticos em que ele parece se enganar. Mais uma vez, é frequente o caso de, nas entrevistas de Girard, depararmos com importantes nuanças de seu pensamento. Eu sugeriria sete áreas de preocupação ou interesse, apesar de não lidar com cada uma do mesmo modo. Duas podem ser descritas como metodológicas num sentido amplo:

1 O status teórico da teoria mimética.
2 Girard e a filosofia.

Há questões específicas para serem postas à própria teoria:

3 A antropologia do mecanismo do bode expiatório.
4 Girard e o cristianismo histórico.
5 O "gnosticismo" de Girard.

E, finalmente, duas avaliações específicas da teoria mimética:

6 A crítica teológica: Girard, Schwager e Balthasar.
7 A recepção feminista da teoria mimética.

1. A teoria mimética pode ser considerada uma teoria?

Gostaríamos de tratar da questão básica do tipo de conhecimento constituído pela teoria mimética. O que exploramos como uma série de *insights* integrados é descrito diversamente por Girard e outros como uma "hipótese" e uma "teoria". Sem dúvida, Girard atribui à sua teoria o status de proposições científicas. Se vamos avaliar essas alegações, alguma clareza sobre o vocabulário é necessária. A *Dictionary of Philosophy*[3] define "hipótese" como "uma afirmação ainda não aceita como verdade, ou como lei"; nesse caso, pode ser melhor não falar da "hipótese" mimética, como Girard faz às vezes, porque ela é um conjunto de *insights* que não são redutíveis a uma "única afirmação". Lacey oferece muitas definições de "teoria", que por vezes se inter-relacionam:

---

[3] Alan R. Lacey, *A Dictionary of Philosophy*. Londres, Routledge and Kegan Paul, 1976.

(i) Uma ou mais hipóteses ou afirmações consideradas especulativas.

(ii) Uma lei sobre dados inobserváveis como os elétrons ou a evolução, às vezes chamada de teoria porque a evidência sobre esses dados é considerada inevitavelmente inconclusiva.

(iii) Um sistema unificado de leis ou hipóteses, com força explanatória (não simplesmente como a placa de horários dos trens).

(iv) Um campo de estudos (por exemplo, na filosofia: a teoria do conhecimento, a teoria lógica).

Na primeira definição, "teoria" e "hipótese" são intercambiáveis. A definição (iv) seria presumivelmente aplicável, mas não nos diz muito. As definições (ii) e (iii) parecem promissoras: os proponentes do sistema mimético certamente a consideram "um sistema unificado de leis ou hipóteses, com força explanatória". Ao mesmo tempo, o sistema lida em alguma medida com dados "inobserváveis", em dois sentidos: em primeiro lugar, a evidência antropológica ou etnológica que fundamentaria suas alegações sobre a origem das sociedades primitivas é difícil de obter, e, em segundo lugar, o mecanismo do bode expiatório opera invisível e cobre seus vestígios por meio de proibições, mitos, rituais e assim por diante, até que sua presença possa ser apenas uma questão de inferência.

Isso é importante, visto que uma das objeções levantadas contra o sistema de Girard é a falta de evidência. Isso é exatamente o que a teoria nos leva a esperar. O mito é a "mudez" que envolve em silêncio a verdade sobre os bodes expiatórios e a vitimização. Nesse sentido, o mecanismo do bode expiatório assemelha-se à ideia do "inconsciente" na psicanálise ou, como mencionado anteriormente, à maneira como os elétrons ou a evolução são usados no discurso científico.

Em *The Gospel and the Sacred*, Robert Hamerton-Kelly concorda com a legitimidade de postular a existência de dados inobserváveis como uma forma de "realismo científico". Ele acredita que "o status científico da teoria da violência sagrada é assegurado dentro do contexto do debate responsável na filosofia da ciência",[4] e vai além, oferecendo sua própria compreensão do que é e o que faz a "teoria". A teoria, de acordo com Hamerton-Kelly, é, acima de tudo, um momento de *insight* criativo que orienta nosso olhar, à qual, portanto, não se pode chegar por indução. A hipótese é proposta e testada na busca por leis – leis são, na realidade, hipóteses provadas. No entanto:

> As teorias são testadas diferentemente, não pela confiabilidade das correlações, mas por sua força e elegância. De acordo com Waltz, a força de uma teoria é sua habilidade para guiar nossa atenção

[4] Robert Hamerton-Kelly, *The Gospel and the Sacred; The Politics of Violence in Mark*. Prefácio de René Girard. Minneapolis, Fortress Press, 1994, p. 44.

para o fenômeno relevante no campo, para que possamos fazer as perguntas certas, formular hipóteses frutíferas, estimular e guiar a pesquisa, e provocar contrateorias. A elegância de uma teoria é a razão entre sua complexidade e seu alcance explanatório. Uma teoria elegante é uma teoria simples e com um alcance amplo. Sendo assim, uma crítica da teoria é um questionamento do poder e da elegância de toda a teoria em sua capacidade de guiar a decisão de focar nesse ou naquele item no campo e de controlar a formação de hipóteses para teste. A teoria, portanto, orienta a pesquisa e facilita a compreensão.[5]

E como, exatamente, deveria a teoria orientar nossa pesquisa hoje? Se estivermos procurando uma teoria apropriada para a interpretação de nossa época, temos de perguntar: quais são os aspectos relevantes e prementes de nossa própria cultura que nos influenciam, aqui e agora? Em outro lugar, Hamerton-Kelly afirma a significativa orientação da "hermenêutica da Cruz":

> Acredito que o fato que se impõe sobre todos os outros, em nosso tempo, seja, sobretudo, o da violência. Portanto, uma teoria que se esforce por compreender a violência tende a nos orientar mais

---

[5] Ibidem, p. 2.

propriamente às questões mais proeminentes de nossa época. [...] Logo, existe uma congruência entre nossas épocas, textos e tradições gerando uma poderosa constelação interpretativa, a qual endossa minha escolha por uma teoria para promover uma nova iniciativa nesse campo de estudo.[6]

Dito isso, o próprio Girard é capaz de renunciar ao status teórico de seu trabalho: "Mesmo que pareça à primeira vista sensacional e bizarra, a 'teoria' da mitologia e do ritual que eu propus não é verdadeiramente uma teoria em absoluto. É uma correção de distorções persecutórias".[7] Ele também irá se referir mais modestamente a seu "*insight*" e a sua "tese", como na entrevista em *Diacritics* (1978). Aqui, Girard procura tranquilizar aqueles que receiam nele um toque de megalomania mencionando que ele não considera seu *insight* verdadeiramente pessoal. Pelo contrário, é alguma coisa "no ar". "E vejo esse *insight* como uma pequena parte daquela completa desintegração das proteções sacrificiais que é nossa desgraça e nosso privilégio testemunhar." Respondendo à questão de como ele é justificado em afirmar sua teoria na falta de informações históricas apropriadas, ele sugere que é o acúmulo qualitativo de

---

[6] Robert Hamerton-Kelly, *Violência Sagrada: Paulo e a Hermenêutica da Cruz*. Trad. Maurício Righi. São Paulo, É Realizações, 2012, p. 31.
[7] René Girard, "Generative Scapegoating". In: Robert Hamerton-Kelly (org.), *Violent Origins: Walter Burkert, René Girard, and Jonathan Z. Smith on Ritual Killing and Cultural Formation*. Stanford, Stanford University Press, 1987, p. 114. [Este livro será publicado na Biblioteca René Girard.]

evidência que nos é convincente, em vez de qualquer refinamento teórico:

> Não estou tentando compensar a falta de informação histórica por meio de alguma história fantástica. Eu digo que os aspectos das formas religiosas descartados por não fazer sentido por uma etnologia diferencial ainda estreita poderiam ser vestígios de uma desestruturação mimética ou crise somadas a uma reestruturação mimética através de uma vitimização unânime. Se você confrontar essa possibilidade com a realidade das formas míticas e rituais, você pode rapidamente perceber que, em todos os lugares e sempre, tudo corresponde a uma ou outra das inumeráveis combinações das representações distorcidas e também das relativamente não distorcidas que podem ser esperadas de tal processo. Minha tese é inteiramente baseada em inferências estruturais e ela se torna convincente através do grande número e variedade de exemplos que podem ser exibidos.[8]

Assim, é provável que o percurso para estabelecer as credenciais teóricas da teoria mimética não deva ser demasiado indulgente.

---

[8] René Girard, *To Double Business Bound: Essays on Literature, Mimesis, and Anthropology*. Baltimore, Johns Hopkins University Press, 1978, p. 207. [Este livro será publicado na Biblioteca René Girard.]

2. A teoria mimética e a filosofia

Discussões sobre o status "científico" da teoria de Girard produziram, de modo geral, mais polêmica que luz. Os críticos tratam a descoberta de Girard como uma hipótese da ciência passível de revisão, ou uma verdade revelada da teologia, ou um tipo de combinação das duas. A outra possibilidade é situar Girard no contexto dos *resultados da modernidade* – que Jean-Marie Domenach chama de uma "viagem ao fim das ciências do homem":

> Quanto mais eu volto à obra de René Girard, mais suas "hipóteses", como ele as chama, me parecem o apogeu heroico da racionalidade moderna: uma viagem ao fim das ciências do homem que, tendo alcançado o limite do abismo do niilismo, realizam uma impressionante reviravolta que as conduz de volta numa jornada resplandecente ao próprio domínio que acreditavam ter deixado para sempre: aquele da Palavra de Deus.[9]

É uma reversão pela qual a "razão, tendo concluído sua devastação", recorre à hipótese cristã que "nos dará de uma só vez significado e esperança, que reunirá intelecto e amor, que nos permitirá ser, em um único movimento, cientistas e crentes. Aqui nós temos um dom magnífico

---

[9] Paul Dumouchel (org.), *Violence and Truth: On the Work of René Girard*. Londres, Athlone, 1988, p. 159.

e imprevisto – bom demais, talvez, para ser aceito sem cautelas e dúvidas":[10]

> Seja como for, se Girard restitui a unidade entre nossa cultura e nossa religião, se ele coloca o Ocidente cristão de volta no centro do mundo, não é através de uma triunfante operação de restauração: é, antes, através de uma *revisão*, em conformidade com a melhor tradição de um Ocidente que nunca cessou de retrabalhar seus mitos e que, por isso, é o único capaz de lhes dar sentido. A autodestruição engendra a autoafirmação; Girard aparece fora dos limites do niilismo de Lévi-Strauss. Assim, de um sítio de escavação bem trilhado o arqueólogo da undécima hora desenterra a placa decisiva.[11]

Contudo, Domenach sente-se desconfortável com a ambiguidade de Girard entre uma posição científica e uma posição filosófica, visto que ele ocupa ambas, mas não aceita os encargos de nenhuma delas. Em especial, avaliar exatamente o papel que a revelação desempenha no esquema de Girard não é tarefa fácil; ele está certo de que só um fator externo às culturas erguidas pelo mecanismo sacrificial – um fator divino – pode expor esse mecanismo. O que desmistifica essas culturas não é

---

[10] Ibidem, p. 153.
[11] Ibidem, p. 152.

a ciência, mas o *logos* cristão. Não é de surpreender que, embora sejam simpatizantes, os colaboradores científicos de Girard não saibam como se situar em relação a esse aspecto da teoria mimética.

Uma ligação específica com a filosofia "pós-moderna" deveria ser observada. Enquanto estava na Universidade Johns Hopkins, em 1966, Girard foi um dos organizadores de um simpósio chamado "The Languages of Criticism and the Sciences of Man" [As Linguagens da Crítica e as Ciências do Homem]. Com Roland Barthes, Jacques Derrida, Jacques Lacan e outros importantes teóricos presentes, o simpósio foi importante por trazer essas novas correntes filosóficas à cena acadêmica americana. Ele também marcou o início do engajamento de Girard com o pensamento de Derrida. Em seu ensaio intitulado "A Farmácia de Platão", Derrida usa o conceito platônico de *phármakon*, que significa tanto "remédio" como "veneno", para explorar a ambiguidade da escrita; esse ensaio influenciou o desenvolvimento da tese do bode expiatório por Girard.[12] As semelhanças entre Derrida e Girard são aprofundadas em *Violence and Difference*, de Andrew McKenna,[13] com a observação crucial de que a compreensão de Girard da vitimização vai além da textualidade e se engaja com a atualidade.

De modo mais geral, temos visto no decorrer deste estudo que Girard se ocupou de uma leitura atenta de Hegel,

---

[12] René Girard, A *Violência e o Sagrado*. Trad. Martha Gambini. São Paulo, Paz e Terra, 1998, p. 361-63.
[13] Andrew McKenna, *Violence and Difference: Girard, Derrida and Deconstruction*. Urbana e Chicago, University of Illinois Press, 1992.

Nietzsche e outros filósofos, especialmente da tradição francesa existencialista. Uma sessão do Colloquium on Violence and Religion em 2001 teve "Girard e a Filosofia" como seu tema, com contribuições de Charles Taylor e Gianni Vattimo, enquanto, num encontro anterior, Paul Ricoeur expressou sua dívida para com os *insights* de Girard. A preocupação expressa por Domenach, de que Girard ocupa a posição de um filósofo sem aceitar os encargos de um filósofo, é um tanto injusta (poder-se-ia perguntar, de maneira sarcástica, o que *são* exatamente os encargos e as tarefas de um filósofo hoje?). De qualquer modo, embora Girard não alegue ser um filósofo, ele é, todavia, alguém que se engajou positivamente na tradição filosófica e, por sua vez, inúmeros filósofos importantes foram críticos da obra de Girard.

Há uma acusação específica feita contra Girard que deveria ser mencionada: a de que sua teoria é "totalizadora" ou mesmo "totalitária". Como foi mencionado, ele é um "pensador porco-espinho", que vê uma coisa ou um pequeno aglomerado de coisas relacionadas. Isso não faria da teoria mimética outra "grande narrativa" do tipo opressivo associado à modernidade? Mais uma vez, Jean-Marie Domenach expressa dúvidas:

> Se eu proferir uma objeção, será para evitar sucumbir à sedução de uma audácia que devolve Cristo sobre a cruz ao centro do mundo? Parece-me que é por medo de encontrar novamente alguns demônios que eu pensei ter exorcizado: a alegação de abarcar uma explicação global, o mito de uma transparência

social finalmente realizada, o sonho de uma cidade em que o Espírito penetraria e se dedicaria ao Bem. Em resumo, um desejo de conhecer que não conhece seus limites e reivindica subitamente iluminar toda a história, passada, presente e ainda por vir, como um especialista pirotécnico acendendo um Catherine Wheel.[14] O trágico, em minha visão, continuará seu diálogo com a certeza. E isso subsistirá até o fim de uma parte da noite que não é o reverso do dia, mas o lugar da propagação da luz.[15]

Para responder a tais preocupações, precisaríamos nos perguntar o quanto elas representam uma sincera e inteiramente louvável ressalva sobre os sistemas teóricos, que podem de fato oprimir e excluir – e o quanto eles são sintomas de "holofobia", termo usado por Terry Eagleton[16] para descrever uma atitude de cautela excessiva que paralisa toda tentativa de compreensão e, portanto, de ação emancipatória. Eagleton pensa particularmente sobre aqueles aspectos do pós-modernismo que revelam uma falha do caráter intelectual à luz do colapso do socialismo. Ele realça que "a esquerda, agora mais do que nunca, tem a necessidade de uma forte fundamentação ética e mesmo antropológica",[17] um julga-

---

[14] Um tipo de fogo de artifício. (N. T.)
[15] Jean-Marie Domenach, "Voyage to the End of the Sciences of Man". In: Paul Dumouchel (org.), op. cit., p. 159.
[16] Terry Eagleton, *The Illusions of Postmodernism*. Oxford, Blackwell, 1996.
[17] Ibidem, p. 134.

mento admiravelmente semelhante ao próprio protesto de Girard contra o pós-modernismo. O livro posterior de Eagleton, *After Theory*,[18] em que ele lamenta a crescente banalização e falta de ambição que se encontra na teoria cultural, é uma exortação ainda mais explícita à grande teorização radical:

> Do ponto em que começamos a pensar pequeno, a história começou a atuar de forma grande. [...] A inescapável conclusão é que a teoria cultural precisa começar a pensar ambiciosamente mais uma vez – não para que possa dar ao Ocidente sua legitimação, mas para que possa procurar dar sentido às grandes narrativas em que ela está agora enredada.[19]

Girard reconhece que as tentativas de desenvolver uma explicação universal das religiões já são amplamente desaprovadas, embora de 1860, aproximadamente, até meados do século XX tal explicação fosse um tipo de "santo graal" dos antropólogos. Essa busca se tornou tão desacreditada porque com muita frequência era conduzida por pesquisadores com pouca simpatia pelas crenças religiosas, sendo assim incapazes de sair da mentalidade científica ocidental. Todavia, Girard sustenta que a maturidade de uma ciência será alcançada por sua capacidade de reconhecer seu contexto cultural, e

---

[18] Terry Eagleton, *After Theory*. Londres, Allen Lane, 2003.
[19] Ibidem, p. 72-73.

também por responder a questões amplas e fundamentais, sobretudo quando a própria disciplina sofre de uma falta de coerência global:

> Esta é a grandeza de nossa tradição científica: que ela nunca cessa de questionar as próprias premissas num esforço para alcançar maior objetividade. Ainda que esse esforço nunca se prove inteiramente bem-sucedido, não pode ser declarado falho, mesmo nas ciências sociais. Penso que a antropologia deveria desfrutar da mesma liberdade de seguir intuições potencialmente produtivas de que as ciências naturais sempre desfrutaram. Os antropólogos deveriam desconsiderar o niilismo puritano de nossa época e sentir-se desinibidos em relação às interpretações globais, mesmo que estejam enquadradas, como não podem deixar de estar, em um contexto que reflete nossa própria tradição intelectual e espiritual.[20]

3. A antropologia do bode expiatório

A passagem citada anteriormente sobre o método de Girard, apesar da falta de evidência histórica para as

---

[20] René Girard, "Generative Scapegoating". In: Robert G. Hamerton-Kelly (org.), op. cit., p. 111.

origens sociais, é uma resposta ao juízo de Claude Lévi-
-Strauss de que as origens do pensamento simbólico,
enquanto um problema significativo, não podem ser
esclarecidas. Girard reconta em "O Avesso do Mito"[21] o
grande entusiasmo com que leu Lévi-Strauss durante os
anos 1960, especialmente quando ele estava começando
a pensar sobre o tema dos gêmeos rivais. O estruturalismo de Lévi-Strauss é em grande parte responsável pela
reabilitação contemporânea do mito como uma forma
característica de "pensamento selvagem" que foge à
racionalidade científica. Todavia, é a incapacidade do
estruturalismo em relacionar seus *insights* com a questão
das origens e com as vítimas verdadeiras que faz a diferença entre sua abordagem e a de Girard.

No capítulo 9 de *A Violência e o Sagrado*, Girard entra
em uma discussão bastante técnica sobre leis de casamento e padrões de parentesco segundo Lévi-Strauss,
com uma ideia de destacar o que ele vê como a principal deficiência do método estruturalista. O capítulo 4
de *Coisas Ocultas*, "Os Mitos: O Linchamento Fundador
Camuflado", é uma análise detalhada da comparação
de Lévi-Strauss (em *Totemismo Hoje*) de dois mitos que
parecem compartilhar um tema comum da cultura de clã
totêmica oriunda da expulsão dos deuses. Lévi-Strauss
traça em ambos os mitos uma "eliminação radical" de
elementos particulares, que permitem fazer surgir um sistema de características e ordem cultural. De qualquer maneira, para Lévi-Strauss, a expulsão é uma representação

---

[21] Colóquios com Maria Stella Barberi. In: René Girard, *Aquele por Quem o Escândalo Vem*. Trad. Carlos Nougué. São Paulo, É Realizações, 2011, p. 161-73.

puramente fictícia de um desenvolvimento cultural. Porque ele está restrito à dimensão linguística do mito, é incapaz de reconhecer que este mito está arraigado em acontecimentos reais. Essa mesma limitação leva Lévi--Strauss a separar mito de ritual e a desvalorizar o último (para Girard, é claro, mito e ritual estão intimamente relacionados, ambos fundamentados no mecanismo do bode expiatório).

Girard reconhece que os *insights* de Lévi-Strauss certamente são superiores às hipóteses anteriores e, de fato, auxiliaram a teoria mimética a avançar mais uma etapa essencial. Todavia, a fraqueza de seu estruturalismo é que "assim como os mitos antes dele, está apenas inventando um novo jargão para transfigurar o linchamento".[22] Comentando sobre o relato perturbador do ritual de casamento de primos cruzados entre o povo tsimshian, em que "pedras são atiradas e muitas cabeças machucadas", Girard observa ironicamente: "Imaginemos aqui o Cervantes ou o Molière do século XX, que instalaria no meio de todas estas pedradas dos tsimshian um devoto contemporâneo do puro 'significante', para provar-lhe que certas metáforas são mais contundentes que outras".[23] O estruturalismo, "ele próprio permanece fechado na estrutura, prisioneiro do sincrônico";[24] um modo de pensamento deficiente "que vagueia em torno do acontecimento original sem conseguir dominá-lo, e que chega a proibir-se de dominá-lo, condenando-se ao formalismo".[25]

---

[22] René Girard, *Coisas Ocultas desde a Fundação do Mundo*, op. cit., p. 150.
[23] René Girard, *A Violência e o Sagrado*, op. cit., p. 309-10.
[24] Ibidem, p. 302.
[25] Ibidem, p. 290.

Obviamente, se foi decidido, sobre bases estruturalistas ou outras, que uma busca pelas origens tal qual Girard empreende está fadada ao fracasso, então não há mais o que conversar. Uma crítica mais útil virá dos pensadores que buscam construir uma teoria das origens sobre uma escala igualmente ampla, e que são, portanto, capazes de identificar pontos frutíferos de discordância e convergência. Uma contribuição diferente a ser mencionada aqui é aquela de um pupilo de Girard, Eric Gans, na Universidade da Califórnia, cujo próprio desenvolvimento da "Antropologia Generativa" ou "AG" é provavelmente o engajamento mais extenso nas ramificações antropológicas e científicas da teoria mimética. Gans se debruça sobre a atitude fascinante para com o corpo da vítima sagrada para oferecer sua própria versão de uma hipótese originária. Para Gans, a linguagem humana começa como um gesto abortado de apropriação, representando – e, assim, renunciando como sagrado – um objeto de potencial rivalidade mimética. A linguagem protela o conflito potencial por permitir que se possua o símbolo do objeto de desejo impossível – o protelamento da violência pela representação. "A hipótese originária fornece a base para repensar cada aspecto do homem, da linguagem à arte, da religião à organização política."

Uma edição especial de *Anthropoetics* (a revista eletrônica de antropologia generativa) reconhece seu débito para com o pensamento de Girard.[26] Ela contém uma entrevista com Girard e a própria síntese de Gans sobre como ele vê a

---

[26] Eric Gans, "Introduction". In: *Anthropoetics: The Electronic Journal of Generative Anthropology*, vol. II, n.1, jun. 1996.

relação entre os dois modos de pensamento. A antropologia generativa traz conjuntamente a teoria mimética e a desconstrução, mímesis e *différance*, em sua caracterização do humano pelo protelamento da violência pela representação:

No cenário girardiano de "hominização", a violência da rivalidade mimética é controlada novamente pelo assassinato de um bode expiatório ou vítima emissária que (Girard diria, *quem*), tornando-se o primeiro "significante", estabelece um novo meio de fundamentar diferenças intraculturais. A vítima "significa" por seu poder transcendente de fazer convergir a violência e, assim, finalizá-la. Visto que ele é percebido como o destruidor das diferenças das quais as atividades autorreprodutivas da vida dependem, a energia comum normalmente devotada a essas atividades é absorvida em sua morte. Assim, com sua morte, a vítima é percebida nos concedendo essas diferenças e as atividades que dependem delas, doravante compreendidas como dependentes de sua boa vontade. O reino humano, oposto ao reino animal que o precedeu, é feito dependente do sagrado definido por sua própria violência; somos a única espécie em que a violência mimética representa uma ameaça maior que o mundo natural extraespecífico. Entretanto, as diferenças humanas diferem das diferenças animais exatamente porque elas são formuladas na *linguagem*. Esse é o aspecto da mímesis que Derrida compreende melhor que Girard. A vantagem do signo linguístico é expressa na parábola dos pães e peixes, que, assim como a palavra de Deus, podem ser multiplicados indefinidamente. Se, como Girard alega, o "significante" original era um corpo, a linguagem seria, de fato, algo dispendioso. O corpo da vítima se torna o fundamento da cultura humana, não como o primeiro signo, mas como *referente* do primeiro signo.[27]

Uma tentativa semelhante de levar a sério a investigação das origens humanas é o colóquio *Violent Origins*, que reúne Girard, Walter Burkert e Jonathan Z. Smith, com pressupostos muito diferentes sobre o tema da religião.[28] O *Homo Necans*, de Walter Burkert, foi publicado na Alemanha em 1972, o mesmo ano de *A Violência e o Sagrado*, cada um oferecendo um surpreendente novo relato da religião baseado em assassinato ritual – embora para Burkert é a caça, em que animais são mortos para alimentação, que é primária, não o assassinato de uma vítima humana.

De acordo com Burton Mack, essas teorias deveriam ser vistas como uma luta entre uma abordagem da religião pelas "ciências humanas" (que elas representam) e uma posição mais tradicional de "história e fenomenologia da religião". Todos os três pensadores promovem uma

---

[27] Ibidem, p. 1.
[28] Robert G. Hamerton-Kelly, *Violent Origins*, op. cit.

compreensão da religião como um fenômeno social, usando abordagens empíricas baseadas nas ciências humanas e sem recorrer a uma mística do "Sagrado" para explicar a atratividade religiosa. Eles compartilham a ideia de que a religião surge em relação a alguma atividade humana fundamental para a vida social, embora eles tenham noções divergentes sobre qual é essa atividade. A objeção tradicionalista é que essa perspectiva mais nova não pode ser dita para explicar tudo o que se entende por "religião". O que está em debate aqui é o conceito de Sagrado, que, para o antigo consenso, é irredutível. Todas as outras abordagens são "reducionistas", e nesse caso René Girard (e Burkert) caem firmemente no campo "reducionista". Para esses teóricos:

> Um objeto epifânico já não é mais o foco da imagem para a imaginação religiosa, ao fornecer um centro em torno do qual uma Ordem Sagrada é organizada por meio de um sistema de símbolos. Em vez disso, um ato (ação, atividade) tem sido observado como uma transação relevante, refletida como sequência padronizada, e cultivada no ritual como de primordial importância.[29]

Burton Mack sugere que não devemos subestimar a tremenda pressão que tal mudança exerce sobre nossos recursos linguísticos e culturais. Ele vê cada um dos

---

[29] Burton Mack, "Introduction: Religion and Ritual". In: Robert G. Hamerton-Kelly (org.), *Violent Origins*, p. 58-59.

autores apresentando um "cenário" ritual: isto é, tanto a descrição de uma cena, ação, agente e objeto, como uma explicação de propósito. Em cada caso, o cenário é heurístico (isto é, um esquema hipotético, em vez de um que é formalmente "provado"), e também intencionalmente provocativo. Isso nos revela tanto a interpretação que é usada como os pressupostos sobre a natureza humana que estão em jogo.

Tanto para Girard como para Burkert, "o ato de matar é definitivo para o ser humano social", embora o *impasse* principal entre eles seja que para Burkert é a presa, morta para alimentação, que é a vítima primária, enquanto para Girard é o bode expiatório humano. Seja como for, cada um enfrenta um desafio semelhante quando se trata de provas: podem os dados decidir entre eles? Para qualquer evidência de apoio que Girard e Burkert possam trazer seja de onde for, "o sacrifício ritual precisa servir de prova para teorias que procuram explicá-lo [...] devemos esperar por muitos textos sobre a mesa".[30]

O artigo de Girard para o seminário "Generative Scapegoating" [O Bode Expiatório Generativo] distingue os diferentes sentidos do termo "bode expiatório", clarifica seu uso particular e analisa três mitos para ilustrar sua teoria. Na discussão que se segue, Smith contesta a seletividade de Girard ao escolher uma versão de um mito amazônico (um de talvez cinco) que tem um "tom carregado", i.e., conteúdo violento, em vez de outras várias centenas de versões do mesmo mito que não o possuem. Girard não

---

[30] Ibidem, p. 62.

vê isso como um problema, visto que a fecundidade de seu método reside na justaposição de mitos semelhantes ou "cadeias" de mitos, alguns dos quais terão elementos de violência mais visíveis que outros. Sua estratégia é ir de mitos mais transparentes para mitos menos transparentes, e ao fazer isso se tornar cada vez mais capaz de discernir os vestígios de deslocamento.

Isso surge da discussão de que Walter Burkert e René Girard fornecem teorias "maximalistas" (e, portanto, se tornam vulneráveis à crítica numa frente ampla), enquanto Smith pode ser descrito como um "minimalista", cuja teoria é a menos abrangente das três. Embora a cautela de Smith possa ser admirável, ainda ficamos com o problema das origens, um problema que nenhuma ciência verdadeira pode evitar se quiser fazer progressos. O que se torna evidente desse encontro é que mesmo entre estudiosos que podem ser amplamente simpáticos para com uma teoria desse âmbito e alcance, a dificuldade de estabelecer termos de referência comum, vocabulário, metodologia e assim por diante é imensa. E dada essa falta de concordância, não há praticamente nenhuma parte do sistema de Girard que não esteja aberta à crítica.

Uma avaliação positiva da teoria mimética irá ao menos concordar com Girard em duas coisas. Primeiro, que a virada para a abordagem da religião pelas "ciências humanas" – e, portanto, o afastamento do "Sagrado" como foco principal, a fim de dar mais atenção à atividade social humana – é legítima. Segundo, que pensar sobre a origem das religiões não somente vale a pena, mas também é necessário, mesmo deixando aberta a possibilidade de se criar uma relação com teorias das origens prévias que foram desacreditadas. Contudo, além disso, haverá muitos detalhes que, para vários críticos, irão requerer mais discussão.

4. Girard e o cristianismo histórico

Devemos falar do que parece ser uma das mais duras objeções à teoria girardiana. As duas primeiras fases da hipótese mimética – o desejo mimético e o mecanismo do bode expiatório – têm ao menos uma plausibilidade inicial. Entretanto, visto que na terceira fase de sua teoria Girard vai adiante para alegar que o mecanismo do bode expiatório é completamente desmascarado no Novo Testamento, temos de perguntar por que, no decorrer da história da Igreja, tantos acontecimentos ocorreram seguindo o mesmo padrão de perseguição coletiva. Como é que, apesar do fato de seus textos mais caros estarem em total oposição ao mito persecutório, o cristianismo se encontra cúmplice na coerção de hereges, judeus e bruxas? O único, e mais revelador, contraexemplo da teoria de Girard, em outras palavras, é a história manchada de sangue da Igreja Cristã.

Formas sólidas dessa objeção sustentam ainda que as próprias histórias dos Evangelhos são, em sua estrutura, justamente o tipo de texto persecutório que, no relato de Girard, se supõe revelar e desconstruir. Burton Mack demarcou precisamente essa séria objeção à teoria de Girard em seu artigo em *Semeia*.[31] Escritas como estão, em uma conjuntura dolorosa nas relações judaico-cristãs, seu

---

[31] Burton Mack, "The Innocent Transgressor: Jesus in Early Christian Myth and History". *Semeia* 33, 1985, p. 135-65.

bode expiatório do povo judeu como rejeitado e assassino de Cristo é mais que acidental, é crucial para a sua estrutura teológica.

Girard trata do interesse sobre os registros históricos do cristianismo com alguns detalhes em um capítulo de *Coisas Ocultas* intitulado "Leitura Sacrificial e Cristianismo Histórico". Aqui e em outros lugares, ele se esforça para não permitir a acusação de antissemitismo nos Evangelhos, justamente porque os Evangelhos deixam claro que *todos* estavam unidos contra Jesus. As autoridades judaicas e romanas se juntaram ao povo em completa harmonia, ao passo que mesmo os discípulos, fugindo e negando a Jesus, sucumbiram ao mimetismo universal do bode expiatório. Que as gerações posteriores de cristãos corromperiam esses *insights* em uma desculpa para perseguir os judeus não é culpa do texto evangélico, e é até mesmo, em certo sentido, o que podemos esperar, se reconhecermos que a desestabilizadora desconstrução evangélica da violência sagrada engendrará, em curto prazo, situações de até mais perseguição.

Girard sustenta que o Evangelho é revelação completa sem dissimulação, mas que só podemos captá-la gradualmente: uma "revelação desconhecida", na medida em que aspectos invisíveis do texto se tornaram mais perceptíveis em nossa época atual. Ele afirma que "nada é claro [...]. Na história, estamos sempre entre o Evangelho e o mito". Não obstante, sua tese histórica permanece uma tese audaciosa, afirmando que o Ocidente se afasta do mecanismo do bode expiatório (tal como ele é) e vai em direção a um mundo secularizado, que, sem esforço, reconhece o mecanismo e nos faz partidários instintivos da vítima – essa história não é o produto de uma racionalidade iluminista, banindo as trevas da superstição religiosa, mas do próprio impulso evangélico. É o Paráclito, o "advogado de defesa", trabalhando subterraneamente nos fundamentos das culturas, que realizou e continua a realizar essa mudança estupenda.

Aqui há muito trabalho a ser feito, talvez ao modo da "arqueologia" no sentido de Foucault, se formos validar esse relato do papel do cristianismo na cultura ocidental. Temos algo como uma versão da tese de Weber, embora Dumouchel (1988, p. 20) sugira que nosso conhecimento de como o capitalismo e o mundo moderno surgiram ainda é demasiado tênue para estabelecer sua validade. A inversão de Girard da versão aceita de acontecimentos à aurora da modernidade, que ele expõe no capítulo final de *O Bode Expiatório*, "A História e o Paráclito", permanece um dos aspectos mais tentadores de sua teoria:

> O espírito científico não pode existir primeiro. Ele supõe renúncia à velha preferência pela causalidade mágico-persecutória tão bem definida por nossos etnólogos. Às causas naturais, longínquas e inacessíveis, a humanidade sempre preferiu as causas *significativas sob o aspecto social e que admitem uma intervenção corretiva*, em outras palavras, as vítimas. A fim de orientar os homens para a exploração paciente das causas naturais, é preciso primeiro desviá-los de suas vítimas, e como se pode desviá-los de suas vítimas a não ser mostrando-lhes que os perseguidores

odeiam sem causa e sem resultado apreciável, doravante? Para operar esse milagre, não entre alguns indivíduos excepcionais como na Grécia, mas na escala de vastas populações, é preciso a extraordinária combinação de fatores intelectuais, morais e religiosos que o texto evangélico fornece.

Não é pelo fato de que os homens inventaram a ciência que eles deixaram de caçar as bruxas, mas porque deixaram da caçar as bruxas é que inventaram a ciência. O espírito científico, como o espírito de empreendimento em economia, é um subproduto da ação em profundidade exercida pelo texto evangélico. O Ocidente moderno esquece a revelação para se interessar apenas pelos subprodutos. Ele faz armas, instrumentos do poder e eis que hoje o processo se volta contra ele. Ele se acreditava libertador e se descobre perseguidor.[32]

5. O "gnosticismo" de Girard

A acusação de "gnosticismo" foi feita a Girard por muitos lados: o rótulo, com certeza, é profundamente

---

[32] René Girard, *O Bode Expiatório*. Trad. Ivo Storniolo. São Paulo, Paulus, 2004, p. 264-65.

obscuro, mas as inquietações que ele procura articular precisam ser abordadas. Charles Davis sente-se compelido a rejeitar a hipótese de Girard em razão de sua "falta de humildade" e de sua "antropologia gnóstica", pelas quais "os seres humanos são considerados incapazes de criar uma sociedade por si mesmos. Eles estão presos em uma violência mutuamente destrutiva da qual não podem livrar-se".[33] Jean-Marie Domenach, mais uma vez:

> A grande dificuldade que se encontra na concepção de uma ética e de uma política na perspectiva girardiana decorre, penso eu, de ser dividido entre uma natureza repressora e um Deus distante – um abismo que pode ser preenchido pelo intelecto, mas não pela ação. O aspecto gnóstico do pensamento de Girard, tão convincente e, por vezes, tão intoxicante, portanto, vem com o preço da impossibilidade de qualquer pensamento ou prática histórica, quer pessoal, quer coletiva, no meio de tal distância.[34]

O rótulo "gnóstico" é francamente muito impreciso para ser útil. Vimos no último capítulo que o cristianismo de Girard é muito "joanino", e talvez isso possa explicar o teor "semignóstico" de algumas de suas declarações. Uma objeção mais pertinente é aquela da falta de uma prática política discernível no projeto de Girard. Ela é

---

[33] Charles Davis, "Sacrifice and Violence: New Perspectives in the Theory of Religion from René Girard". *New Blackfriars* 70, 1989, p. 321.
[34] Dumouchel, op. cit., p. 155.

semelhante àquela feita por John Milbank (*Theology and Social Theory*, 1990) que chama a atenção para a ausência na teoria de Girard de uma alternativa positiva para a violência sagrada, uma "prática contrassacrificial".
Será o caso de a teoria de Girard ser paralisada por causa disso? A teoria mimética parece ser extremamente forte como uma explicação sobre o que acontece com sociedades em colapso devido a crises, mas menos proveitosa ao examinar sociedades positivas em matéria de convívio. A insistência de Girard sobre o potencial destrutivo do desejo mimético leva-o a um questionamento radical da autonomia humana, como vimos, e também a afirmar que ideologias de libertação são autodestrutivas:

> Em resumo, quanto mais os homens acreditam realizar suas utopias do desejo, quanto mais eles abraçam suas ideologias libertadoras, mais eles estão trabalhando, na realidade, para o aperfeiçoamento do universo concorrencial no interior do qual sufocam. [...] Todo o pensamento moderno é falseado por uma mística da transgressão na qual ele recai mesmo quando quer escapar dela.[35]

Uma impressão parecida é deixada pelo encontro de Girard com diversos teólogos da libertação latino-americanos no Brasil em 1990,[36] em que os teólogos pre-

---

[35] René Girard, *Coisas Ocultas desde a Fundação do Mundo*, op. cit., p. 336-37.
[36] Hugo Assmann, *Sobre Ídolos y Sacrificios: René Girard con Teólogos de la Liberación*. San José, Costa Rica, Editorial Departamento Ecuménico

sentes desafiaram Girard em relação a seu pessimismo sobre a possibilidade de uma solidariedade verdadeira em comunidades humanas (um tema crucial, obviamente, para a teologia da libertação). Talvez se possa dizer que essa dimensão do pensamento de Girard ainda não se encontra plenamente desenvolvida. As críticas relatadas anteriormente expressam dúvidas sobre o que parece ser uma análise pessimista da sociedade feita por Girard. É uma enorme distorção de seu pensamento, entretanto, dizer que a humanidade está desamparada e é incapaz de ação emancipatória. O que está em questão não é a impossibilidade do progresso, mas a dificuldade e a precariedade de qualquer movimento de saída da escravidão mimética. Acusações vagas de "gnosticismo" não ajudam: doutrinas cristãs fundamentais, tais quais a bondade da criação e o livre-arbítrio, estão firmemente postas no sistema de Girard, mesmo que ele não as enfatize. Contudo, não se pode deixar de levá-lo a sério, uma vez que já foi submetido a muitas críticas, e aqui temos um desafio particular para teóricos políticos que desejam trabalhar com a teoria mimética: refutar o injusto rótulo de "reacionário".

6. Girard e os teólogos

Em inúmeras ocasiões, Girard expressou sua dívida para com Raymund Schwager, o jesuíta suíço que foi um de seus principais comentadores teológicos, chegando a

---

de Investigaciones, 1991. [Em português: *René Girard com Teólogos da Libertação: Um Diálogo sobre Ídolos e Sacrifícios.* Petrópolis/Piracicaba, Vozes/Unimep, 1991.]

sugerir que Schwager é um dos poucos comentadores que não o deturparam.[37] Schwager fez amplo uso da teoria mimética, especialmente em sua elaboração de uma "teologia dramática", enquanto a avaliação que Girard faz do "sacrifício" se desenvolveu sob a influência de Schwager. Em suas três principais obras, Schwager usou a antropologia girardiana: (1) para tratar do tema da violência (de Deus) na Bíblia em *Must There Be Scapegoats?*;[38] (2) para lançar as bases de uma soteriologia sistemática (artigos reunidos em *Der wunderbare Tausch*);[39] e (3) para elaborar uma interpretação dramática do ministério, da morte e da ressurreição de Jesus em *Jesus and the Drama of Salvation*.[40]

Sua conclusão em *Must There Be Scapegoats?* concorda com a de Girard, segundo a qual, na Bíblia, Deus é progressivamente revelado como amoroso, não violento e que fica ao lado das vítimas inocentes. Schwager assenta sobre esse fundamento uma teoria da redenção: a reação não vingativa de Jesus livra os homens do mal e do ódio dos quais eles não podem livrar-se por si mesmos. O que se destaca na avaliação de Schwager é a necessidade de reinterpretar conceitos como "ira de Deus" e "sacrifício", de modo que não imputem violência a Deus. As interpretações de temas soteriológicos de Schwager estão reunidas em *Der wunderbare Tausch*,

---

[37] Ibidem.
[38] Raymund Schwager, *Must There Be Scapegoats? Violence and Redemption in the Bible*. São Francisco, Harper & How, 1987.
[39] Idem, *Der wunderbare Tausch: Zur Geschichte und Deutung der Erlösungslehre*. Munique, Kosel, 1986.
[40] Idem, *Jesus and the Drama of Salvation*. Nova York, Crossroads, 1992.

enquanto em *Jesus and the Drama of Salvation*, como vimos, ele apresenta uma compreensão "dramática" do papel de Jesus em cinco atos.

Sua soteriologia dramática representa a mais completa aplicação do conceito do mecanismo do bode expiatório de René Girard a questões cristológicas. Em um simpósio sobre "soteriologia dramática" em 1991, Schwager responde à questão "é necessário para uma doutrina dramática da redenção considerar no longo prazo a teoria do bode expiatório?". Ele insiste em que, apesar de as novas correntes teológicas – como a teologia política, a teologia da libertação, a teologia feminista e a teologia ecológica – praticarem teologia da perspectiva da vítima, nenhuma oferece "uma teoria completamente elaborada (antropológica, cultural, social, científico-religiosa e teológica)" que se concentre na vítima. "A teologia precisa de uma teoria religiosa da vítima que abarque todos os campos da ciência humana", tal qual aquela fornecida por René Girard.[41]

Em outra ocasião, Girard compara seu próprio trabalho em *Coisas Ocultas* com as conclusões de *Must There Be Scapegoats?*, que apareceram ao mesmo tempo. Ele parabeniza Schwager pela ousadia de recuperar a linguagem e o conceito de sacrifício em um ponto em que ele mesmo temia, por razões apologéticas, obscurecer o que viu como a diferença crucial entre o cristianismo e as outras religiões:

---

[41] J. Niewiadomski e W. Palaver (orgs.), *Dramatische Erlösungslehre: Ein Symposion*. Innsbrucker Theologische Studien, n. 38. Innsbruck, Tyrolia, 1992, p. 354-55.

Acredito que o significado primordial da teoria mimética tenha sido direcionar todos os esforços apologéticos contra o relativismo religioso. Isso era expor sua fraqueza. Não pretendia senão tornar mais precisa a clareza dessa posição, que me pressionava quase como uma prova. [...] Por essa razão, considerei, por muito tempo, esse costume [sacrifício cristão] degenerado.[42]

Um texto importante que ajudou Girard a chegar a uma compreensão mais clara de sacrifício é o famoso "Julgamento de Salomão". Aqui estão dois significados muito diferentes do termo: o sacrifício "de sangue", proposto por Salomão, de cortar a criança em duas (que somente a falsa mãe está pronta a aceitar); e o verdadeiro sacrifício, pelo amor, por parte da verdadeira mãe do bebê, que está disposta a abrir mão da criança. Vale a pena mencionar que numa entrevista[43] Girard admitiu que em *Coisas Ocultas* ele "sacrificou" a carta aos Hebreus, e também a palavra "sacrifício", ao afirmar que ela devia ter um significado constante. "Na verdade, as mudanças em seu significado constituem a história religiosa da humanidade."

Uma crítica teológica específica a Girard e Schwager, feita pelo teólogo suíço Hans Urs von Balthasar, é

---

[42] J. Niewiadomski e W. Palaver (orgs.), *Vom Fluch und Segen der Sündenböcke: Raymund Schwager zum 60. Geburtstag*, Kulturverlag, Thaur, 1995, p. 24.

[43] Rebecca Adams, "A Conversation with Rene Girard: Interview by Rebecca Adams". *Religion & Literature*, n. 25.2. Indiana, University of Notre Dame, 1993.

importante para esta discussão. Sua versão da teologia dramática (contida em uma obra substancial em vários volumes chamada *Theo-Drama*) é em parte um modelo para a própria síntese teológica dramática de Raymund Schwager. Balthasar até considera as ressonâncias teológicas da cena da estátua no *Conto do Inverno*, conforme discutido por Girard. No volume IV do *Theo-Drama* ("The Action" [A Ação]), Balthasar demonstra sua compreensão de soteriologia, ou teoria da salvação. Ele enfatiza que o conceito de *solidariedade* como chave para compreender o modo como Jesus salva os seres humanos é insuficiente. Tem de haver também alguma compreensão da nossa *substituição* pelo Cristo, que tomou o nosso lugar, se quisermos ser fiéis ao testemunho bíblico em relação à nossa salvação.

Ele considera a teoria de René Girard, que combina essas duas abordagens, "certamente o projeto mais dramático a ser empreendido hoje no campo da soteriologia e na teologia em geral".[44] Balthasar é muito simpático à abordagem de Girard e Schwager, mas tece inúmeras críticas. Ele concorda com a inversão de Girard da antítese de Nietzsche, "O Crucificado *versus* Dioniso", embora também alegue que Girard "distorceu" a teoria do sacrifício de Anselmo. Ele também questiona o uso insistente de termos como "poder" e "violência" feito por Girard em detrimento de "justiça" (particularmente a justiça de Deus, nunca reconhecida como primária por Girard), antes de expressar suas suspeitas mais profundas:

---

[44] Hans Urs von Balthasar, *Theo-Drama: Theological Dramatic Theory IV: The Action*. São Francisco, Ignatius Press, 1994, p. 299.

A tensão dramática entre o mundo e Deus é tão estendida que a conexão se quebra, tornando-se impossível um drama que envolva os dois lados. Isso fica claro pelo fato de que o "mecanismo" de autodissimulação elimina toda a liberdade da parte do homem. Girard sustenta um completo hiato entre o naturalismo e a teologia; eles não são nem mesmo conectados por uma ética. [...] Surge uma questão que é crucial no presente contexto: o que acontece na cruz, de acordo com essa teoria, se a transferência da culpa do mundo para Jesus é somente uma descarga psicológica (como o fora em todo sacrifício ritual), e se – por outro lado – o Deus Pai impotente não exige nada como um "sacrifício expiatório"?[45]

Para Balthasar, a teologia dramática de Schwager e Girard falha *como drama*. Ela hiperestima a dinâmica social da crucificação e subestima sua significância como um acontecimento entre o Pai e o Filho. Tanto Girard como Schwager concentram-se na atitude humana para com o crucificado, mas nada dizem sobre a atitude de Deus. No entanto, Isaías 53,6 apresenta-nos "inescapavelmente" um Deus que ou determina a tarefa de seu Servo ou permite que ele o faça, de modo que suas análises não

---

[45] Ibidem, p. 309-10.

chegam ao verdadeiro problema, a saber, a relação entre a justiça de Deus e seu poder.[46]

Um abismo considerável entre esses autores persiste: Balthasar insiste em atribuir algum nível de cumplicidade, portanto violência, a Deus na crucificação (e no sofrimento do Servo em Isaías). Em resumo, ele valoriza a "ira" de Deus tendo em vista sua capacidade de vingança perfeita. Schwager e Girard, por mais que suas teologias dramáticas tenham semelhanças com a de Balthasar, são incapazes de segui-lo nesse ponto. Contudo, há muitos pontos relevantes na crítica de Balthasar, por exemplo, seu reconhecimento da abordagem original de Girard e da possibilidade de solucionar dificuldades particulares na teologia da expiação.

A citação de Anselmo também é interessante. Balthasar contribuiu para a reapreciação contemporânea do argumento de Anselmo e, portanto, sua "reabilitação" de ser associado a conceitos brutos de substituição penal. Na verdade, parece agora haver semelhanças impressionantes entre Anselmo e Girard, já que cada um pode ser visto tentando sistematizar uma intuição sobre como a mensagem evangélica é relevante para sua própria época. Se a teoria mimética pode ser perfeitamente descrita como "a fé buscando a compreensão", seria outra discussão. Certamente, o impacto de Girard na teologia foi considerável, visto que os teólogos reconhecem em sua obra uma nova maneira de conceber a doutrina da expiação, e em particular

---

[46] Ibidem, p. 312.

uma contribuição original à compreensão teológica cristã do sacrifício.

7. As críticas feministas à teoria mimética

Susan Nowak[47] apresenta uma visão global da recepção de Girard pelas correntes feministas, assim como sua própria crítica. Há ressalvas de parte das críticas feministas e freudianas – Toril Moi,[48] Luce Irigaray,[49] Sarah Kofman[50] e Nancy Jay –,[51] que se questionam sobre o tratamento dado ao narcisismo por Girard em *Coisas Ocultas*, e mais genericamente julgam a concentração de Girard quase exclusivamente sobre configurações masculinas de desejo e violência como um indicador de sua misoginia. Parte da evidência disso seria o fato de que a maioria de seus exemplos de vitimação é masculina, como o são os de todos os autores que ele cita. Essa acusação particular é, como Girard demonstrou, injusta, embora saliente a profunda questão de o quanto seu relato de violência sacrificial se ajusta a tais investigações feministas na natureza da violência contra a mulher.

[47] Susan Nowak, "The Girardian Theory and Feminism: Critique and Appropriation". *Contagion*, primavera de 1994, p. 19-29.
[48] Toril Moi, "The Missing Mother: The Oedipal Rivalries of René Girard". *Diacritics*, n. 12, 1982, p. 21-31.
[49] Luce Irigaray, "Les Femmes, le Sacré, l'Argent". *Critique*, n. 42, 1986, p. 372-83.
[50] Sarah Kofman, "The Narcissistic Woman: Freud and Girard". In: Toril Moi (org.), *French Feminist Thought; A Reader*, 1987 (1980), p. 210-26.
[51] Nancy Jay, *Through Your Generations Forever: Sacrifice, Religion and Paternity*. Chicago, University Press, 1992.

Aqui, mais do que nunca, é importante não separar a hipótese vitimária de Girard do relato do desejo mimético. Girard está certo de que o desejo é mimético para ambos os sexos. Mais uma vez, sua principal objeção é contra Freud, que em sua teoria do narcisismo sustenta uma visão de dois tipos de desejo sexual, cada qual com o gênero específico. Sobre essa questão, Girard defende a igualdade entre homens e mulheres, uma posição que será hostil a qualquer um que queira salientar pretensas diferenças essenciais entre eles.

Uma questão diferente é se a teoria de Girard pode produzir uma descrição adequada da opressão e da violência misógina, visto que em muitas culturas não há nada a não ser a igualdade nesse aspecto. Isso é reconhecido por Girard e certamente compatível com suas teses. Bodes expiatórios são escolhidos por causa de sua vulnerabilidade, e assim a fraqueza física das mulheres comparada à dos homens as faz candidatas mais prováveis. Mas não se deve exagerar quanto a este ponto: Martha Reineke[52] julga a teoria mimética imensamente útil para a discussão da mania de bruxa na Europa, ao passo que Anne L. Barstow, pelo contrário, sustenta que poucos critérios expiatórios de Girard se aplicam aos julgamentos de bruxa, independentemente da marginalidade das vítimas. As execuções de bruxas não eram eventos públicos que produziam uma reconciliação sagrada, mas simplesmente "rituais de nulidade, becos

---

[52] Martha Reineke, "'The Devils Are Come Down upon Us': Myth, History and the Witch as Scapegoat". In: A. Bach (org.), *The Pleasure of Her Text: Feminist Readings of Biblical and Historical Texts*. Filadélfia, Trinity Press, 1990, p. 117-45.

sem saída".[53] Esse é um lembrete salutar de que nem toda vítima é um "bode expiatório" no sentido técnico que Girard pretende.

A teoria de Girard, contudo, lança uma luz inquietante na discussão de antigas civilizações alegadamente matriarcais ou "matrifocais" (*matrifocal*). Essas culturas, supostamente mais igualitárias e menos violentas que as patriarcais, seriam tipificadas pela prevalência de divindades femininas. Uma leitura girardiana poderia, é claro, afirmar que a evidência de mais deusas significa simplesmente que mais mulheres eram sacrificadas nessas culturas, não menos.

Jennifer L. Rike[54] questiona se a pressa das feministas para condenar Girard por androcentrismo pode indicar uma relutância em enfrentar a questão da violência contra as mulheres tanto quanto contra os homens. É claramente uma evasão perigosa, uma vez que a realidade da internalização da violência perpetrada contra as mulheres é uma questão crucial. A acusação específica que elas fazem contra Girard – que ele universaliza concepções de humanidade, violência e religião que são eurocêntricas e androcêntricas – bem pode ter algum grau de verdade (embora Girard estivesse preparado para defender essa universalização). Rike prefere olhar de modo positivo; para ela, a teoria mimética pode e deve ser tomada pelo feminismo como uma saída para sua atual crise de

---

[53] Anne Llewellyn Barstow, *Witchcraze: A New History of the European Witch-Hunt.* Nova York, Pandora/HarperCollins, 1995, p. 153-54.
[54] Jennifer L. Rike, "The Cycle of Violence and Feminist Constructions of Selfhood". *Contagion,* vol. 3, primavera de 1996, p. 21-42.

identidade. Ela sugere que a concepção girardiana de mímesis de apropriação precisa ser complementada pela teoria das relações objetais, para permitir reinterpretações feministas de individualidade que são verdadeiras para a ambiguidade da experiência da mulher (o bode expiatório é ele mesmo um fenômeno ambíguo). A insistência de Girard sobre a identidade das estruturas cognitivas e físicas de homens e mulheres é válida, mas os modos de personificação da mulher e seu posicionamento social, econômico e político são claramente diferentes. Até agora, ainda falta o aparato teórico para a compreensão dessa identidade e diferença em conjunto, e o feminismo não pode se dar ao luxo de ignorar os *insights* de Girard.

capítulo 5
o futuro da teoria mimética

Em alguma medida, um capítulo intitulado "O futuro da teoria mimética" se escreve sozinho. Girard está convencido de que a desativação do mecanismo do bode expiatório é uma faca de dois gumes. Claro que é uma boa notícia que agora estejamos conscientes de como pessoas inocentes são frequentemente vitimadas a fim de se manter a estabilidade social. E conforme essa consciência se expande, o bode expiatório se torna – e de fato se tornou – menos crível e menos efetivo.

Entretanto, o que acontece à estabilidade social quando as comunidades não têm mais como recorrer a esse modo de canalizar a violência consagrado pelo tempo? Lembramos que a humanidade carece de controles instintivos para a agressão que impedem que os animais se dilacerem. E esse período de vulnerabilidade, em que nos encontramos desprovidos de um meio de defesa contra a violência ilimitada, coincide com uma era em que a raça humana tem a tecnologia para se destruir completamente. Todos os textos-chave de Girard foram escritos sob a sombra da Guerra Fria, quando a apropriadamente chamada Destruição Mútua Assegurada (*Mutually Assured Destruction*) era a doutrina ortodoxa para a coabitação "pacífica" na Terra. As implicações dessa situação continuam sendo importantes na obra girardiana. Ele está convencido do poder e do bom resultado da mensagem do Evangelho em transformar o mundo e livrá-lo da ideologia do bode expiatório; mas o que o ser humano faz com esse conhecimento ainda é uma questão em aberto.

E em nossa época, com a tecnologia que temos à disposição, essa não é nada menos que a escolha mencionada em Deuteronômio 30,19: "eu te propus a vida ou a morte, a bênção ou a maldição. Escolhe, pois, a vida, para que vivas". Ou – todos nós – aceitaremos o tipo de renúncia e de amor não violento que é o núcleo da mensagem evangélica, ou continuaremos com aquilo que é habitual, e morreremos, porque nossas vacinas contra a violência esmagadora não são mais eficazes. Daí a ironia de refletir sobre o "futuro" da teoria mimética, pois há a perspectiva sombria de que a teoria de Girard pode se mostrar verdadeira, mas talvez não haja nenhum sobrevivente para observar o fenômeno.

De um modo menos apocalíptico, o futuro da teoria mimética reside em um órgão chamado Colloquium on Violence and Religion (COV&R), que atrai estudiosos, principalmente dos Estados Unidos e da Europa, que, reunidos pelas ideias de Girard, desejam "explorar, criticar e desenvolver o modelo mimético da relação entre violência e religião na gênese e na manutenção da cultura". O colóquio tem acontecido desde 1990, com René Girard como seu presidente de honra, e produz uma revista, *Contagion*. Um exame das atividades do COV&R daria algumas indicações de onde seus membros veem as prioridades para a teoria mimética; tal exame é facilmente feito visitando-se o *website* do COV&R; contudo, o mais útil aqui é escolher algumas direções e tendências que me parecem pertinentes.

Precisamos voltar a questões sobre o quão "teórico" o *insight* mimético pretende ser. Na introdução, o dilema foi colocado como se a teoria mimética de Girard devesse ser pensada conforme um único holofote que ilumina tudo, ou como uma porção de holofotes elegantemente dispostos, iluminando detalhes locais. Uma das idiossincrasias da *raison d'être* do COV&R, como dito acima, é que as duas opções parecem possíveis. Alguns membros sustentam que a teoria mimética é uma descoberta antropológica de imensa importância, e trabalham para estabelecer suas credenciais científicas e teóricas; outros concordam sobre sua importância, mas são veementes em resistir a qualquer tentativa de "sistematizá-la". Depois há outros, incluindo possivelmente o próprio René Girard, que parecem tentar sustentar ambas as visões simultaneamente.

Vimos a discussão de Robert Hamerton-Kelly sobre o trabalho de Girard levando em conta o arcabouço responsável de teorias e hipóteses na ciência. A contribuição de Eric Gans também foi examinada: sua hipótese original apareceu pela primeira vez em *The Origin of Language*,[1] ao passo que a revista eletrônica *Anthropoetics* (com sua coluna semanal muito adequadamente intitulada *Chronicles of Love and Resentment*) é dedicada ao desenvolvimento

---

[1] Eric Gans, *The Origin of Language: A Formal Theory of Representation*. Califórnia, University of California Press, 1981.

da Antropologia Generativa, ambas por sua importância intrínseca e por servirem de base para a análise literária e cultural. Para Gans, a descoberta do símbolo como uma ação malograda de apropriação que se torna uma representação é a descoberta de que nossa capacidade para a mímesis, a base de nossa partilha rival de desejo, pode também se tornar a base para a partilha pacífica de significância. É o mundo dos símbolos que é a fonte de nossa compreensão do mundo transcendente. Gans não pensa que isso é incompatível com uma perspectiva religiosa, segundo a qual a existência da linguagem humana, incomensurável com tantos sistemas simbólicos animais e inexplicável pela ciência positiva, somente é possível como um dom divino, embora ele considere essa questão inconclusiva. Gans paga um tributo exagerado à inspiração de Girard por seu próprio projeto:

> [...] acima de tudo na grandeza de sua ambição intelectual e em sua confiança inabalável na superioridade do pensamento verdadeiro sobre os jogos de pensamento da moda. Como um verdadeiro antropólogo, Girard é a prova viva de que a autorreflexão cultural das ciências humanas fornece um modelo para pensar o humano melhor do que o positivismo das ciências sociais. Ninguém serviria como um modelo mimético melhor para todos nós.[2]

---

[2] Idem, "Introduction". In: *Anthropoetics: The Electronic Journal of Generative Anthropology*, vol. II, n. 1, junho de 1996, p. 2.

Outro exemplo de tentativa continuada para estabelecer um fundamento teórico firme para o *insight* mimético seria o Grupo de Pesquisa Interdisciplinar [Interdisciplinary Research Group], localizado na Universidade de Innsbruck, trabalhando sobre "Religião – Violência – Comunicação – Ordem Mundial". Aqui, Raymund Schwager e vários colegas da teologia e de outras faculdades estabeleceram um programa de pesquisa usando a estrutura de Imre Lakatos, que "procura uma reconciliação entre visões alternativas quanto à falsificação de teorias científicas". O grupo elaborou hipóteses gerais, hipóteses de núcleo duro e hipóteses auxiliares, entre as quais o *insight* mimético de René Girard é proeminente.

Mencionei essas iniciativas não para nos emaranharmos mais uma vez em uma discussão técnica, mas para ilustrar algumas direções que a teoria mimética tem tomado. Por um lado, é bem provável que esse trabalho seja empolgante e prove ser extremamente frutífero; por outro, há aqueles que estão mais interessados nas descobertas de René Girard como uma *hermenêutica* – um modo de ler textos de todos os tipos com o objetivo de sermos "convertidos" pelo que lemos. A teoria mimética é a "destruidora de sistemas", ela nos convida a continuar a leitura e nos permite ir cada vez mais para uma autêntica "vida na verdade". Aqui, são as implicações pastorais da teoria de Girard que são primordiais e se imprimem sobre aqueles que trabalham diretamente nos ministérios pastorais, nas resoluções de conflito, na espiritualidade, na justiça e na paz, e assim por diante.

Os trabalhos de Gil Bailie, nos Estados Unidos, e James Alison, um teólogo inglês, exemplificam essa opção. *Violence*

Unveiled: Humanity at the Crossroads,³ de Bailie, é uma obra de crítica cultural urgente como teologia profética. A urgência vem da crise "apocalíptica" de desagregação social e violência nos Estados Unidos contemporâneos, que ele analisa através de lentes girardianas. Bailie baseia-se na literatura, no cinema, nos jornais e em um confuso portfólio de indicadores culturais, bem como na Bíblia; muito do poder de seus escritos vem desse dom de justaposição efetiva e surpreendente. Se nos lembrarmos do capítulo 2, em que a teoria mimética é entendida como um movimento entre textos diferentes que têm diferentes graus de poder revelatório – entre "mito", "literatura" e "crítica" –, então o trabalho de Bailie seria um exemplo impressionante dessa crítica.

James Alison fala abertamente de uma imensa dívida pessoal e intelectual para com Girard, proeminente em todos os seus próprios escritos. Entre estes está *O Pecado Original à Luz da Ressurreição: A Alegria de Descobrir-se Equivocado*,⁴ uma reformulação da doutrina do pecado original usando a teoria mimética (o tema da tese de doutorado de Alison, terminada no Brasil); *Raising Abel*, que trata de escatologia; e mais inúmeros livros populares que, embora teologicamente esclarecidos, têm estilo mais informal e pessoal. Os capítulos em *Fé Além do Ressentimento: Fragmentos Católicos em Voz Gay*⁵ e *On Being Liked*⁶ são baseados em sua maior parte em conversas com vários grupos, em ambientes acadêmicos

---

³ Gil Bailie, *Violence Unveiled: Humanity at the Crossroads*. Nova York, Crossroad, 1995.
⁴ James Alison, *O Pecado Original à Luz da Ressurreição: A Alegria de Descobrir-se Equivocado*. Trad. Maurício Righi. São Paulo, É Realizações, 2011.
⁵ Idem, *Fé além do Ressentimento: Fragmentos Católicos em Voz Gay*. Trad. Maurício Righi. São Paulo, É Realizações, 2010.
⁶ Idem, *On Being Liked*. Londres, DLT, 2003.

e não acadêmicos, ou são meditações continuadas sobre passagens particulares das Escrituras.

Alison vê nos *insights* de Girard a possibilidade de retrabalhar criativamente temas cristãos como criação e salvação, escatologia, lei natural, pecado e perdão, e integridade religiosa, de um modo católico e libertador. Todavia, há tão somente uma "sistematização" mínima dessas doutrinas, uma vez que Alison está mais preocupado com a forma como chegamos a "participar" de uma história particular, tendo como base a história de um amor tão surpreendente e gratuito, que ele e nós podemos apenas partilhar nosso maravilhamento e nossa luta para dar sentido a ela. Isso, ele sugere, é teologia com "gagueira". Em outras palavras, a abordagem deliberadamente hesitante de Alison parece muito mais com a luta por "verdade romanesca", que é o *alfa* e o *ômega* da própria jornada de Girard, do que com uma síntese dogmática extensiva. Por implicação, uma conversão/experiência de ressurreição não pode ser parte de um "sistema".

Quero neutralizar de imediato a aparente contradição que acabei de criar entre as duas abordagens – uma buscando estabelecer a teoria mimética muito firmemente em fundamentos teóricos sólidos e duradouros, e outra preocupada apenas em continuar lendo, por assim dizer, com olhos que são cada vez mais abertos pela conversão. Ambas são opções na competência geral do COV&R, para "explorar, criticar e desenvolver o modelo mimético", e ambas são importantes. O que eu gostaria de dizer é que essas duas estratégias fazem sentido levando em conta duas diferentes audiências e duas diferentes tarefas. As obras de Bailie e Alison serão lidas em sua maior parte por pessoas que já estão envoltas pela tradição cristã, sejam crentes comprometidos ou pessoas que se sentem numa relação problemática com ela (embora Alison expresse a esperança de que as implicações de seus escritos alcancem além dos interesses específicos de qualquer grupo marginal particular). Essas são as pessoas que, em geral, terão um interesse inicial em ver como as narrativas centrais da fé cristã podem ser criativamente recontadas.

Tanto os proponentes da Antropologia Generativa como o Grupo de Pesquisa de Innsbruck têm um enfoque diferente, explicitamente interdisciplinar, na medida em que eles tratam com extrema urgência questões políticas e sociais *ad extra*, por assim dizer. Aqui, a questão não é primeiramente aquela de reconfigurar as narrativas do cristianismo. Antes, a tarefa é contribuir para dar sentido a fenômenos perturbadores, para os quais as ferramentas apropriadas de compreensão ainda não estão à mão. Com o Grupo de Pesquisa em particular, realidades como a globalização, a violência de inspiração religiosa e assim por diante, são, é claro, as questões candentes do dia, embora especialmente desconcertante seja o "retorno da religião", que pegou muitas pessoas de surpresa e que requer novos paradigmas de pensamento.

A partir disso, parece que o valor e a contribuição específicos da teoria mimética, dada a forma institucional num grupo como o COV&R, são duplos. Podem permitir tanto *uma reflexão estruturada e responsável sobre a religião no mundo contemporâneo*, assim como oferecer *um modo de ler histórias para que a fé, a esperança e o amor possam ser reivindicados, confirmados, nutridos e até mesmo chamados à existência*.

O retorno da religião

No início da discussão em *Coisas Ocultas*, conforme Girard introduz essas hipóteses, ele faz algumas observações importantes:

> O espírito moderno, naquilo que possui de eficaz, é a ciência. Cada vez que a ciência triunfa de maneira incontestável, é o mesmo processo que se repete. Toma-se um mistério muito antigo, temível, obscuro e ele é transformado em enigma.
>
> Não existe enigma, por mais complicado que seja, que finalmente não seja resolvido. Há séculos o religioso vem se retirando primeiramente do mundo ocidental, e depois de toda a humanidade. À medida que ele se afasta, e que recuamos em relação a ele, a metamorfose que assinalei realiza-se por si própria. O mistério insondável de outrora, protegido pelos mais formidáveis tabus, aparece cada vez mais como um problema a ser resolvido.[7]

Deixando de lado a aparente confiança estridente no poder da ciência, está claro que suas observações sobre o declínio universal da religião – uma vazante mundial

---

[7] René Girard, *Coisas Ocultas desde a Fundação do Mundo*. São Paulo, Paz e Terra, 2009, p. 23.

do "mar da fé" – já não carregam mais a convicção que podiam ter tido 25 anos atrás. A ortodoxia atual entre os sociólogos da religião é que as teorias da secularização falharam como ferramenta explanatória, especialmente onde elas extrapolam a experiência ocidental e predizem uma crescente secularização em uma escala global. Outros sociólogos argumentarão, ao contrário, dizendo que a Europa deve ser considerada um "caso excepcional", sem nenhum indício de que o resto do mundo seguirá os padrões de mudança que têm ocorrido lá. Mesmo na Europa, o que estamos vendo é um deslocamento e realocação de formas religiosas, a emergência de "transcendências intermediárias", em vez de um desaparecimento do sagrado como tal.

A despeito do que os comentaristas de Girard podem sugerir, em nenhum ponto a teoria mimética é dependente de uma teoria da secularização, embora talvez o novo consenso mude a maneira como a teoria mimética é testada e desenvolvida. Mais recentemente (em *Quando Começarem a Acontecer essas Coisas*),[8] Girard se distanciou explicitamente da alegação de Marcel Gauchet[9] de que o cristianismo acarretou o fim da religião no mundo. Antes, sugere ele, nosso humanismo atual será percebido apenas como um intervalo curto entre duas formas de religião.

Por essa razão, a teoria mimética, que fornece um relato plausível de por que se pode esperar que a religião

---

[8] Idem, *Quando Começarem a Acontecer essas Coisas*. Trad. Lilia Ledon da Silva. São Paulo, É Realizações, 2011.
[9] Marcel Gauchet, *The Disenchantment of the World: A Political History of Religion*. Princeton, 1997.

permaneça no mundo, é, de certo modo, bem colocada para preencher o vácuo deixado pelas teorias de securização. E embora seja essencial que o "retorno da religião" não se reduza nem se distorça em preocupações, apesar de legítimas, sobre extremismo religioso e violência "fundamentalista", há aqui claramente uma contribuição a ser feita. Uma coletânea de "estudos de caso" intitulada *Violence and the Sacred in the Modern World*[10] foi editada por Mark Juergensmeyer, um ex-aluno de Girard e teórico da violência religiosa. Esse volume direciona o olhar para inúmeros conflitos contemporâneos em que a crença religiosa é ao menos um componente importante da tensão e investiga quais desses conflitos podem ser iluminados pela teoria mimética.

É à sombra do 11 de Setembro, claro, que tem lugar uma angustiada reflexão sobre violência sagrada. Logo após a atrocidade ocorrida, uma série de posições típicas podia ser reconhecida. Por exemplo, Richard Dawkins, um conhecido pensador secularista, denunciava em um artigo de jornal a mais perigosa de todas as armas, a saber, a religião: essa arma tem sido amolada por milênios, e agora se provou mais destrutiva que nunca. Em outras palavras, o problema reside naqueles que adotam crenças religiosas enquanto tal, e que assim se veem como os inimigos da modernidade esclarecida. A única resposta apropriada, para Dawkins, é trabalhar para a completa erradicação desse "vírus" mortal. Juergen Habermas ofereceu uma visão alternativa, segundo a qual o problema

---

[10] Mark Juergensmeyer, *Violence and the Sacred in the Modern World*. Londres, Frank Cass & Co, 1992.

do "fundamentalismo" surge como resultado de contradições no andamento e no processo de secularização. Sua expressão violenta é uma reação à modernização discordante e é, portanto, ela mesma um fenômeno puramente moderno (não um fenômeno antigo, como Dawkins sustenta). O que está em questão, portanto, é um reexame da efetividade da secularização como um processo a que Habermas se refere como "destruição criativa".

Os próprios comentários de René Girard sobre o ataque às Torres Gêmeas contêm elementos de cada uma dessas interpretações, na medida em que a descrição negativa da religião *como tal* por Dawkins coincidiria com a compreensão de Girard da religião sacrificial, mimética. Ele está mais próximo de Habermas ao ver a relação problemática entre os antagonistas, embora para Girard isso esteja expresso como um ódio mimético declarado para com o Ocidente, e um consequente "duplo" rival, conforme sua teoria descreve.

O Projeto de Pesquisa Innsbruck [Innsbruck Research Project] tem fornecido várias reflexões sobre esse e outros temas relacionados: quatro textos comuns foram publicados juntos:[11] sobre o próprio Research Project, sobre o Pluralismo, sobre o 11 de Setembro e uma Teologia dos "Sinais dos Tempos", e sobre o conflito Israel-Palestina. Finalmente, contudo, as palavras de cautela expressas por James Alison no primeiro capítulo de *On Being Liked* deviam ser ouvidas, a respeito do verdadeiro perigo de o Marco Zero e de acontecimentos como o 11 de Setembro

---

[11] R. Schwager e J. Niewiadomski, *Religion erzeugt Gewalt: Einspruch!* Münster, Lit Verlag, 2003.

se tornarem um "espaço sagrado" e um "acontecimento sagrado" em todos os sentidos errados. Quando ele descreve a atrocidade assim: "alguns de nossos irmãos cometeram simples atos de suicídio com significativas mortes indiretas, sem significar nada demais",[12] ele enfatiza a falta de criatividade da ação, mas também sobriamente nos lembra do que experimentamos em seguida: um redemoinho "satânico" de intensas emoções, uma frenética busca por "significado" e mobilização social para uma solidariedade intensa e, é claro, militarista, que para a teoria mimética pode significar somente uma coisa: o início da procura pelo bode expiatório.

Textos de celebração

A segunda via para a teoria mimética é não se preocupar muito com a plataforma teórica, mas concentrar-se na leitura, isto é, na multiplicação de interpretações que são "decodificações" dos textos de perseguição. Isso não deveria dar a impressão de que os textos são simplesmente "vistos" de fora por pessoas hábeis que quebram o código e então realizam algo a mais. A insistência de James Alison em "habitar" a história significa que há mais aqui que uma "hermenêutica de suspeição". Penso que isso significa vê-los como textos de celebração, porque, em sua decodificação, a inocência da vítima é proclamada – e também a nossa liberdade e capacidade de discernir aquela inocência. Em um de seus poemas mais sombrios

---

[12] James Alison, *On Being Liked*, op. cit., p. 3.

(relembrando os horrores da Guerra Civil Irlandesa), W. B. Yeats afirma que "afoga-se a cerimônia da inocência". Há, sem dúvida, na palavra "cerimônia" ressonâncias de fingimento, de formalidade, de aparência de falta de substância. Até mesmo a teoria mimética nos recorda essa cerimônia e inocência. De novo, sugere-se a estrutura da "segunda inocência", de Paul Ricoeur.

Entre esses textos, destacam-se as escrituras judaicas e cristãs. O que Girard descobriu e demonstrou é que um mesmo movimento narrativo – um padrão de morte e ressurreição, cujo fulcro é a declaração da inocência da vítima – é encontrado em outros textos, sobretudo nos grandes romancistas e em Shakespeare. Girard chamou a isso de "hermenêutica com uma espinha dorsal" ("*hermeneutics with a backbone*"). Na verdade, estamos confinados em nossa leitura quer às Sagradas Escrituras, quer à grande ficção. Aqui encontramos um efeito quase alucinatório, visto que textos que são claramente literários e ficcionais se fundem com outros tomados de fatos históricos. No capítulo 3, por exemplo, um conto terrível de *Na Colônia Penal*, de Kafka, foi apresentado especificamente como uma parábola do fenômeno sacrificial, que então perde sua credibilidade. Tal história tão singular certamente pertence a domínios dos mais insondáveis da imaginação de Kafka – até depararmos com o intrigante relato da visita do capitão James Cook ao Taiti, em 1777.

O incidente é narrado em *Violence Unveiled*, de Bailie,[13] em que o autor traça um paralelo entre a chegada de

---

[13] Gil Bailie, *Violence Unveiled*, op. cit., p. 67 ss.

Cook à ilha e a vinda do oficial naval no final de *O Senhor das Moscas*. Os nativos estão preparados para a guerra; um homem será sacrificado a fim de se conseguir um favor divino, e Cook é convidado a presenciar a cerimônia. Sua condição de espectador corresponde *exatamente* àquela do explorador na parábola de Kafka, e, de fato, suas reações, primeiro de rigoroso questionamento, depois de repugnância, são muito similares. O paralelo vai ainda mais fundo. Cook encontra-se indignado não apenas pelo fato do sacrifício, mas também pela maneira desleixada como é realizado. Se houvesse um sentido de reverência sagrada, de qualquer coisa próxima a uma atitude reverencial no ritual, isso poderia tê-lo redimido, ainda que superficialmente. Contudo, isso estava completamente ausente. Na verdade, a vítima já havia sido morta, secretamente, no momento em que o ritual de sacrifício formal começou. O que impressiona Cook é que os nativos já não acreditam no sacrifício que realizam de modo tão frio – e, assim como o "Rastelo" na história de Kafka, seus efeitos unificadores sagrados são desprezíveis, e a própria prática está condenada à extinção. A presença descrente de Cook e seu questionamento racional tem um efeito corrosivo, mesmo em uma prática ritual que está perdendo a credibilidade e o poder.

Se tudo isso parece muito "livresco", ressalta-se que "texto", aqui, se refere a qualquer produto cultural que se oferece à interpretação. A teoria mimética voltou sua atenção para o modo como filmes e outras mídias populares estão impregnados de temas miméticos. Podemos mencionar, por exemplo, três importantes filmes que tratam da pena de morte. Em *Doze Homens e uma Sentença* [*Twelve Angry Men*] (1957), um júri tem de enfrentar seu conservadorismo, e até mesmo racismo, a fim de deliberar seu veredito sobre um caso de assassinato: um jovem hispânico, do gueto, é acusado de esfaquear seu pai. Ao final, graças à insistência de um herói, interpretado por Henry Fonda, o grupo chega ao veredito: "inocente". "Ninguém é sacrificado" – a unanimidade é alcançada, não por nenhum "miraculoso" contágio mimético, mas por um homem insistindo na validade de suas dúvidas, em sua argumentação racional e na presunção de inocência até que a culpa tenha sido provada acima de toda dúvida razoável. A influência mimética que induziria a um veredito de culpa injusto é, com dificuldade, repelida. Na verdade, vindo alguns anos após a caça às bruxas anticomunista macarthista, nos anos 1950, na América, o filme ganha um aspecto muito corajoso.

Os outros dois exemplos de filmes mais recentes, mais próximos à parábola de Kafka que examinamos antes são: *Os Últimos Passos de um Homem* [*Dead Man Walking*], de Robbins, e *Não Matarás* [*A Short Film About Killing*] (1987), de Kieslowski, ambos retratando detalhadamente a execução estatal de um jovem assassino, respectivamente nos Estados Unidos e na Polônia. Por certo, há ainda elementos da "vítima sagrada" em torno do estuprador e assassino, interpretado por Sean Penn, que é executado em *Os Últimos Passos de um Homem* (como Edmund Arens torna evidente em seu ensaio sobre esse filme).[14] No segundo filme, contudo, a lenta e angustiante cena do enforcamento (que dura cinco minutos) é tão brutalmente inútil que apresenta uma evidente equi-

---

[14] Edmund Arens, "Dead Man Walking". *Contagion*, vol. 5, primavera de 1998.

valência ao assassinato (sete minutos de duração) do qual se pretende que seja uma punição. Seu impacto sobre a opinião pública foi, na verdade, um instrumento para que a pena de morte fosse retirada da Constituição da Polônia; *Os Últimos Passos de um Homem* ainda não teve um efeito correspondente nos Estados Unidos.

É essa qualidade "corrosiva" que interessa a René Girard quando lê textos de perseguição. Há dois casos de vitimização que ele considera temporalmente separados por seiscentos anos. O primeiro caso, que estrutura seu argumento em *O Bode Expiatório*, é uma decodificação de *The Judgment of the King Navarre* [O Julgamento do Rei de Navarra], um poema do século XIV, de Guillaume de Machaut, que contém referências encobertas, mas inconfundíveis, à perseguição aos judeus durante o tempo da peste. Os judeus estão sendo culpados pela epidemia e, embora atos de violência contra eles nunca sejam explicitamente mencionados, é possível ler nas entrelinhas e entender que isso ocorreu. Qualquer leitor moderno terá claro em sua mente o que aconteceu e ficará convencido de que os judeus são inocentes das acusações feitas contra eles – assim como não temos dúvida de que qualquer mulher medieval acusada de bruxaria era inocente, ainda que todos os registros demonstrem o contrário.

Girard quer fazer uma pausa e identificar que descoberta surpreendente é essa. Acreditamos estar certos e os autores, errados. Ainda que isso quebre uma regra básica da crítica literária: nunca violentar o texto. Sobre isso, Girard é inflexível: "Diante de Guillaume de Machaut, a escolha é clara: ou fazemos violência ao texto ou então deixamos que se perpetue a violência do texto contra vítimas inocentes".[15] O mesmo é verdade em relação aos registros medievais de julgamentos de bruxas, em que nosso ceticismo pode ser ainda mais audacioso: pode até ser que a acusada pense ser uma bruxa, ela realmente pode ter tentado fazer feitiços prejudiciais, mas ainda assim não acreditamos nela!

> No correr de tais processos, nenhuma voz se eleva para restabelecer, ou melhor, para estabelecer a verdade. Ninguém ainda é capaz de fazer isso. É o mesmo que dizer que temos contra nós, contra a interpretação que damos de seus próprios textos, não só os juízes e as testemunhas, mas também os próprios acusados. Esta unanimidade não nos impressiona. Os autores destes documentos estavam lá, e nós não. Não dispomos de outra informação que não venha deles. Todavia, com vários séculos de distância, um historiador solitário, ou até o primeiro indivíduo que aparece, julga-se habilitado a cassar a sentença pronunciada contra as bruxas.[16]

Guillaume de Machaut é reinterpretado do mesmo modo extremo, a mesma audácia é exercida na subversão do texto, a mesma operação intelectual tem, com efeito,

---

[15] René Girard, *O Bode Expiatório*. São Paulo, Paulus, 2004, p. 15.
[16] Ibidem, p. 17.

a mesma certeza, o mesmo tipo de razão. Essa audácia intelectual, nossa liberdade confiante para ler dessa maneira, nos dá motivo para celebrar, mesmo ao ler o mais cruel dos textos de perseguição. Girard também volta sua atenção para o infame caso Dreyfus, que dividiu a opinião pública francesa no início do século XX (um caso, a propósito, presente na ficção de Proust). Nos fatos históricos, o capitão Dreyfus é claramente tomado como um bode expiatório, ainda que as denúncias contra ele tenham sido quase unânimes. A questão de sua defesa é deixada para alguns indivíduos públicos, sendo Émile Zola o mais proeminente. Por fim, a verdade surge, graças à persistência, por anos, da facção pró-Dreyfus. Em sua entrevista com Williams, Girard declara: "Para mim, o mito de Édipo é ainda um caso Dreyfus que não foi resolvido". Mais uma vez, a questão que o fascina é: como, por pressão subterrânea, a verdade luta para vir à luz em situações como essas?

Conclusão

Na Introdução deste livro, o tema da violência sagrada foi introduzido por uma citação de *São João*, de Shaw, em que De Stogumber, descrevendo a Cauchon como testemunhar a morte de João mostrou-lhe a realidade do sofrimento, de um modo que uma vida inteira de meditação sobre representações do sofrimento de Cristo não foi capaz de fazer. O acontecimento foi devastador, mas o "redimiu". Cauchon impacientemente (ou tristemente? ou está ele profundamente chocado pelo pensamento?) responde: "Tem, então, um Cristo que perece em tormento em todos os tempos para salvar aqueles a quem falta imaginação?".

A teoria mimética de René Girard deixa claro que não há resposta simples e direta a essa questão. Superar as compulsões miméticas e dar as costas às configurações da violência sagrada, às vezes, pode parecer uma tarefa sobre-humana, mas o tipo de conversão que De Stogumber tem é possível. O que tardou a conversão em seu caso, e tornou tudo mais traumático, foi seu fracasso em conectar a violência representada com a coisa "real" – sua falta de imaginação, como diz Cauchon. Um dos princípios centrais da teoria mimética é justamente uma dissolução libertadora da distinção entre ficção e realidade. Não que a realidade seja dissolvida na ficção, mas através da literatura e do mito somos capazes de ultrapassar as fronteiras e ter acesso ao que é real... e de ser redimidos.

Sugeri que essas são histórias pelas quais *a fé, a esperança e o amor podem ser reclamados, confirmados, nutridos ou até mesmo chamados à existência*. Talvez essa formulação seja muito pomposa ou piegas, ou ambas. Certamente, muitas pessoas lerão esses mesmos poemas medievais, examinarão os mesmos textos históricos – assim como verão os mesmos filmes e passarão pelos mesmos canais de notícias – sem de maneira alguma sentir uma "conversão religiosa" brotar. De certo modo, isso não importa, se aprendermos como fazer uma pausa com admiração ocasional ao *que aconteceu* a essas narrativas, ou mais exatamente, ao *que aconteceu a nós e à maneira como as lemos*. Essas narrativas foram viradas do avesso, para que elas, e até nossas próprias histórias de emaranhamento fascinado, também sejam histórias de visão libertadora, para que possamos assim participar com gratidão. Para que, ou para quem, não se pode às vezes deixar isso não dito ou, quando dito, que o seja cuidadosamente?

Aqui talvez esteja outra diferença entre os "teóricos" e os "antiteóricos" dos proponentes do modelo mimético. Por um lado, há de fato projetos a serem formulados, "arqueologias" a serem conduzidas, e até mesmo linhas de batalha a serem delineadas e defendidas (a "luta mental" de Blake). Aqueles comprometidos com o modelo mimético se encontram lutando por oxigênio numa atmosfera ocidental acadêmica e intelectual ainda dominada pelos "desprezadores culturais", que somente sabem como distorcer, proteger ou sacrificar as tradições judaica e cristã. Não obstante tudo o que temos visto e aprendido, ainda há uma necessidade de alguém para lutar do lado do cristianismo. E, de maneira moderada, o próprio René Girard nunca se afastou desses conflitos, nem fez nenhuma tentativa de esconder ou desculpar sua maneira politicamente incorreta.

Por outro lado, há uma passividade, talvez um tipo de "aptidão negativa", que também é característica da teoria mimética. Isso exprime uma vontade de participar da certeza de ser perdoado ou, na expressão de James Alison, "a alegria de se perceber equivocado". Isso significa aceitar como nossa uma história ou um drama cujo inacreditável *dénouement* [desfecho] é evocado nas palavras assustadoras de Karl Barth: "o prisioneiro se tornou o vigilante". Herdamos uma história, dada a nós milagrosa e inesperadamente, como Leontes recebe o dom de sua esposa, e de si mesmo, ao final do *Conto do Inverno*. É uma comédia – firme, forte e lúcida, e tão maravilhosa, aparentemente, que Shakespeare não ousava dizer seu nome.

René Girard, também, por todo vigor tenaz com que tem divulgado e defendido sua teoria, conhece essa passividade e essa aceitação alegre. Esse é um estudioso que, quando questionado sobre como sua teoria do conflito mimético poderia ser empiricamente testada, sorrirá e falará sobre observar seus netos brincando. Ao final de *Coisas Ocultas*, ele cita uma longa passagem de Ezequiel 37, vendo no vale da morte descrito pelo profeta o lugar em que o pensamento cataloga ossos secos. Todavia, é também o lugar em que o significado, perdido ou ameaçado por todos os lados, simplesmente espera o sopro do Espírito a fim de renascer:

> Acredito que a verdade não é uma palavra vã, ou um simples "efeito", como se diz hoje. Penso que tudo que possa nos desviar da loucura e da morte, a partir de agora, participa dessa verdade. Mas não sei como falar dessas coisas. Apenas os textos e as instituições parecem-me ser abordáveis, e sua aproximação parece-me luminosa sob todos os aspectos. Reconheço sem embaraço que para mim existe uma dimensão ética e religiosa, mas esse é um resultado de meu pensamento, e não um pensamento de retaguarda que governaria minha pesquisa de fora. Sempre acho que se eu conseguisse comunicar a evidência

de certas leituras, as conclusões que se impõem a mim também se imporiam ao meu redor.

Comecei a reviver descobrindo não a vanidade total, mas a insuficiência da crítica literária e etnológica diante dos textos literários e culturais que ela acredita dominar. Isso foi antes de chegar à Escritura judaico-cristã. Nunca pensei que esses textos estivessem aí para serem contemplados passivamente, como belezas naturais, árvores de uma paisagem, por exemplo, ou longínquas montanhas. Sempre esperei que o sentido fosse inseparável da vida.[17]

---

[17] René Girard, *Coisas Ocultas desde a Fundação do Mundo*. São Paulo, Paz e Terra, 2009, p. 501-02.

apêndice

A maior parte da obra de Girard é composta de contribuições para obras coletivas e de artigos e entrevistas em jornais. Esta bibliografia registra todos os livros de Girard, mas somente aqueles artigos ou entrevistas que são referidos neste trabalho.

Bibliografias mais completas podem ser encontradas em *The Girard Reader* (Ed. James Williams, até maio de 1996) e na introdução alemã de 2003 de *Girard and Mimetic Theory*, de Wolfgang Palaver.

Uma bibliografia completa de literatura sobre a Teoria Mimética, editada por Dietmar Regensburger, pode ser encontrada em www.uibk.ac.at/theol/cover/girard/mimetic_theory.html/.

Girard também contribuiu regularmente para a *Contagion: Journal of Violence, Mimesis and Culture*, que é a revista do Colloquium on Violence and Religion. A produção anual do colóquio é publicada normalmente em *Contagion*; o COV&R também produz um boletim bienal. Informações sobre o COV&R podem ser encontradas em theol.uibk.ac.at/cover/.

Há também contribuições de Girard em partes da literatura secundária, principalmente discursos em conferências, *Festschriften*, etc.

A *homepage* para o Innsbruck Research Project: "Religion – Violence – Communication – World Order" é theol. uibk.ac.at/rgkw/.
A *homepage* para *Anthropoetics: The Eletronic Journal of Generative Anthropology* é www.anthropoetics.ucla.edu/anthro.htm/.
O Volume II, número 1 (junho de 1996), é uma edição especial sobre Girard e contém uma entrevista com ele por Markus Müller.

Obras de René Girard

1962 *Proust: A Collection of Critical Essays.* Nova York, Prentice-Hall (reimpresso por Greenwood Press, Westport, Ct, 1977). Editado com uma introdução de René Girard.

1965 *Deceit, Desire and the Novel: Self and Other in Literary Structure.* Baltimore, Johns Hopkins UP (*Mensonge Romantique et Vérité Romanesque.* Paris, Grasset, 1961) [*Mentira Romântica e Verdade Romanesca.* São Paulo, É Realizações, 2009].
Uma comparação sistemática dos trabalhos literários de Cervantes, Flaubert, Stendhal, Proust e Dostoiévski, e sua descoberta, contra a "Mentira Romântica" da autonomia humana, de que as pessoas formam seus desejos de acordo com o desejo dos outros. Esta descoberta corresponde à experiência de "morte e ressurreição" para os romancistas em análise, e fornece o modelo para o subsequente desenvolvimento da teoria mimética de Girard.

1976 *Critique dans un Souterrain.* Lausanne, L´age d´homme.
Esta coletânea de ensaios literários consolida seu trabalho sobre Dostoiévski, com mais ensaios sobre Albert Camus, Dante,

Victor Hugo, Deleuze e Guattari. Alguns desses ensaios foram incluídos na coletânea inglesa de 1978.

1977 *Violence and the Sacred*. Baltimore, Johns Hopkins UP; Londres, Athlone (*La Violence et le Sacré*. Paris, Grasset, 1972) [*A Violência e o Sagrado*. São Paulo, Paz e Terra, 1990].
Nesta obra-chave, Girard demonstra a operação do "sagrado" nas sociedades primitivas, estabelecendo assim sua teoria das origens da religião e da cultura na expiação violenta. Crucial para esta discussão são os exemplos das tragédias gregas clássicas, especificamente Sófocles (*Édipo Rei*) e Eurípides (*As Bacantes*); o livro também inclui importantes capítulos sobre Sigmund Freud e Claude Lévi-Strauss.

1978 *"To Double Business Bound": Essays on Literature, Mimesis and Anthropology*. Baltimore, John Hopkins UP; Londres, Athlone.
Ensaios, incluindo alguns da primeira coletânea francesa (1976). Girard também escreve aqui sobre Nietzsche, Richard Wagner e, mais uma vez, Lévi-Strauss. O volume inclui uma entrevista com Girard que apareceu primeiramente em *Diacritics* 8 (1978).

1986 *The Scapegoat*. Baltimore, Johns Hopkins UP; Londres, Athlone (*Le Bouc Émissaire*. Paris, Grasset, 1982) [*O Bode Expiatório*. São Paulo, Paulus, 2004].
Girard reflete sobre um texto histórico – um poema medieval – para ilustrar como procuramos por indicações de perseguição em nossa leitura, e busca estender este modo de leitura aos textos mitológicos, oferecendo um conjunto de critérios para o "bode expiatório". Ele reflete sobre alguns mitos detalhadamente (por exemplo, Teotihuacan), e muitos capítulos são devotados a leituras miméticas de passagens do Evangelho (as narrativas da Paixão, Os Demônios de Gerasa, o papel do Espírito Santo na história).

1987a   *Things Hidden since the Foundation of the World*. Pesquisa realizada em colaboração com Jean-Michel Oughourlian e Guy Lefort. Stanford Ca., University Press (*Des Choses Cachées depuis la Foundation du Monde*. Paris, Grasset, 1978) [*Coisas Ocultas desde a Fundação do Mundo*. São Paulo, Paz e Terra, 2008].
Esta é a maior obra de Girard, embora não seja a mais acessível. Ela tem a forma de uma conversação a três, e bastante técnica, entre Girard e dois psiquiatras. A primeira parte do livro, intitulada "Antropologia Fundamental", avalia a plausibilidade da teoria do bode expiatório à luz do pensamento contemporâneo na etnologia e em outras ciências humanas; a segunda parte examina o sacrifício nas escrituras judaico-cristãs, estabelecendo o contraste entre o "logos" de Heráclito e o *Logos* de João. A terceira e última parte trata da "Psicologia Interdividual", na qual a noção de desejo mimético é expandida para a teoria da sexualidade, e na qual as diferenças entre Girard e a teoria freudiana se tornam explícitas.

1987b   *Job: the Victim of his People*. Londres, Athlone (*La Route Antique des Hommes Pervers; Essais sur Job*. Paris, Grasset, 1985).
Uma pequena coletânea de leituras do Livro de Jó como um texto persecutório.

1987c   "Generative Scapegoating", in: Hamerton-Kelly (ed.), *Violent Origins*. Stanford, Stanford University Press, 1987, p. 73-105.
Este colóquio põe em foco a teoria mimética de Girard ao lado do *Homo Necans*, de Walter Burkert, e do trabalho de Jonathan Z. Smith. Essas diferentes abordagens são examinadas uma a uma, conforme os respectivos autores tentam encontrar uma base comum entre elas. A introdução crítica de Burton Mack sobre a teoria mimética e o próprio ensaio de Girard são muito proveitosos.

1988 "The Founding Murder in the Philosophy of Nietzsche", in: Paul Dumouchel (ed.), *Violence and Truth*. Londres, Athlone Press, p. 227-46.
Girard conclui o colóquio com uma leitura mimética da afirmação de Nietzsche, em *A Gaia Ciência*, sobre a "morte de Deus".

1991 *A Theatre of Envy: William Shakespeare.* Oxford, Oxford University Press (reimpresso por Gracewing Press, England, 2000) [*Shakespeare: Teatro da Inveja*. São Paulo, É Realizações, 2010].
Uma série de ensaios sobre o teatro de Shakespeare, explicado pelo desejo mimético, que inclui leituras profundas de *Sonho de uma Noite de Verão*, *Júlio César* e *Conto do Inverno*, assim como as especulações de James Joyce sobre Shakespeare em *Ulisses*.

1993 "A Conversation with René Girard", in: R. Adams (ed.), *Religion and Literature* 25.2, Indiana, Notre Dame, 1993.
Este ensaio é importante pelo reconhecimento de Girard da sua mudança de visão sobre o sacrifício desde *Coisas Ocultas*, no qual ele admite ter feito uma leitura sacrificial da epístola aos Hebreus e do conceito de sacrifício cristão.

1994 *Quand ces Choses Commenceront... Entretiens avec Michel Treguer*. Paris, Arléa (*Wenn al das beginnt... ein Gesprach mit Michel Treguer*, Lit Verlag, Münster, 1997) [*Quando Começarem a Acontecer Essas Coisas*. São Paulo, É Realizações, 2011].
Uma importante e profunda entrevista com Girard, que contém um panorama da teoria mimética, o relato completo até a data da conversão religiosa de Girard, assim como a discussão de temas-chave como democracia e política contemporânea, liberdade, Freud e estruturalismo.

1996 *The Girard Reader*, ed. James Williams, incluindo "The Anthropology of the Cross; a Conversation with René Girard", p. 262-88.

Um recurso inestimável para entender a teoria mimética. Seleções dos escritos de Girard são usadas para fornecer uma visão geral da teoria, assim como de suas três diferentes "partes". Há uma seção sobre a relação de Girard com Freud e Nietzsche, mas o livro também inclui uma entrevista com René Girard, um glossário e uma bibliografia de obras em inglês, francês e alemão.

1997 *Resurrection from the Underground: Feodor Dostoevsky*. Nova York, Crossroad (*Dostoievksi: Du Double a l'Unité*. Paris, Plon, 1963) [*Dostoiévski: do Duplo à Unidade*. São Paulo, É Realizações, 2011].

O segundo livro de Girard explora o tema do desejo mimético na ficção de Dostoiévski, com ênfase especial em temas como o duplo, o ressentimento e o desejo triangular em *O Eterno Marido*, por exemplo.

2001a *I See Satan Fall like Lightning*. Nova York, Maryknoll (*Je Vois Satan Tomber comme l'Éclair*. Paris, Grasset, 1999).

Este pequeno livro continua a exposição de Girard da revelação bíblica como o meio pelo qual o sacrifício mimético é provocado e superado. Ele começa com uma interpretação do Decálogo como um conjunto de proibições sobre o desejo mimético.

2001b *Celui par qui le Scandale Arrive*. Paris, Desclée de Brouwer [*Aquele por Quem o Escândalo Vem*. São Paulo, É Realizações, 2011].

Sob o título de "Contra o Relativismo" apresentam-se três ensaios, dos quais dois já haviam sido publicados em outro lugar: sobre a violência e a reciprocidade, sobre o relativismo cultural e sobre a relevância da teoria mimética para a teologia. Há também uma extensa entrevista com Maria Stella Barberi, intitulada "O Avesso do Mito", que trata de muitos aspectos da revelação bíblica, do cristianismo histórico e contemporâneo,

Lévi-Strauss, desconstrucionismo, e outros temas.
2004 *Les Origines de la Culture.* Paris, Desclée de Brouwer [*Evolução e Conversão.* São Paulo, É Realizações, 2011].
Um panorama e um reexame da antropologia da teoria mimética em resposta a questões de Pierpaolo Antonello e João Cezar de Castro Rocha.

breve explicação

Arnaldo Momigliano inspira nossa tarefa, já que a alquimia dos antiquários jamais se realizou: nenhum catálogo esgota a pluralidade do mundo e muito menos a dificuldade de uma questão complexa como a teoria mimética.

O cartógrafo borgeano conheceu constrangimento semelhante, como Jorge Luis Borges revelou no poema "La Luna". Como se sabe, o cartógrafo não pretendia muito, seu projeto era modesto: "cifrar el universo / En un libro". Ao terminá-lo, levantou os olhos "con ímpetu infinito", provavelmente surpreso com o poder de palavras e compassos. No entanto, logo percebeu que redigir catálogos, como produzir livros, é uma tarefa infinita:

> Gracias iba a rendir a la fortuna
> Cuando al alzar los ojos vio un bruñido
> Disco en el aire y comprendió aturdido
> Que se había olvidado de la luna.

Nem antiquários, tampouco cartógrafos: portanto, estamos livres para apresentar ao público brasileiro uma cronologia que não se pretende exaustiva da vida e da obra de René Girard.

Com o mesmo propósito, compilamos uma bibliografia sintética do pensador francês, privilegiando os livros publicados. Por isso, não mencionamos a grande quantidade de ensaios e capítulos de livros que escreveu, assim como de entrevistas que concedeu. Para o leitor interessado numa relação completa de sua vasta produção, recomendamos o banco de dados organizado pela Universidade de Innsbruck: http://www.uibk.ac.at/rgkw/mimdok/suche/index.html.en.

De igual forma, selecionamos livros e ensaios dedicados, direta ou indiretamente, à obra de René Girard, incluindo os títulos que sairão na Biblioteca René Girard. Nosso objetivo é estimular o convívio reflexivo com a teoria mimética. Ao mesmo tempo, desejamos propor uma coleção cujo aparato crítico estimule novas pesquisas.

Em outras palavras, o projeto da Biblioteca René Girard é também um convite para que o leitor venha a escrever seus próprios livros acerca da teoria mimética.

cronologia de René Girard

René Girard nasce em Avignon (França) no dia 25 de dezembro de 1923; o segundo de cinco filhos. Seu pai trabalha como curador do Museu da Cidade e do famoso "Castelo dos Papas". Girard estuda no liceu local e recebe seu *baccalauréat* em 1940. De 1943 a 1947 estuda na École des Chartes, em Paris, especializando-se em história medieval e paleografia. Defende a tese *La Vie Privée à Avignon dans la Seconde Moitié du XVme Siècle*.
Em 1947 René Girard deixa a França e começa um doutorado em História na Universidade de Indiana, Bloomington, ensinando Literatura Francesa na mesma universidade. Conclui o doutorado em 1950 com a tese *American Opinion on France, 1940-1943*.
No dia 18 de junho de 1951, Girard casa-se com Martha McCullough. O casal tem três filhos: Martin, Daniel e Mary.
Em 1954 começa a ensinar na Universidade Duke e, até 1957, no Bryn Mawr College.
Em 1957 torna-se professor assistente de Francês na Universidade Johns Hopkins, em Baltimore.
Em 1961 publica seu primeiro livro, *Mensonge Romantique et Vérité Romanesque*, expondo os princípios da teoria do desejo mimético.

Em 1962 torna-se professor associado na Universidade Johns Hopkins. Organiza em 1962 *Proust: A Collection of Critical Essays*, e, em 1963, publica *Dostoïevski, du Double à l'Unité*. Em outubro de 1966, em colaboração com Richard Macksey e Eugenio Donato, organiza o colóquio internacional "The Languages of Criticism and the Sciences of Man". Nesse colóquio participam Lucien Goldmann, Roland Barthes, Jacques Derrida, Jacques Lacan, entre outros. Esse encontro é visto como a introdução do estruturalismo nos Estados Unidos. Nesse período, Girard desenvolve a noção do assassinato fundador. Em 1968 transfere-se para a Universidade do Estado de Nova York, em Buffalo, e ocupa a direção do Departamento de Inglês. Principia sua colaboração e amizade com Michel Serres. Começa a interessar-se mais seriamente pela obra de Shakespeare. Em 1972 publica *La Violence et le Sacré*, apresentando o mecanismo do bode expiatório. No ano seguinte, a revista *Esprit* dedica um número especial à obra de René Girard. Em 1975 retorna à Universidade Johns Hopkins. Em 1978, com a colaboração de Jean-Michel Oughourlian e Guy Lefort, dois psiquiatras franceses, publica seu terceiro livro, *Des Choses Cachées depuis la Fondation du Monde*. Trata-se de um longo e sistemático diálogo sobre a teoria mimética compreendida em sua totalidade. Em 1980, na Universidade Stanford, recebe a "Cátedra Andrew B. Hammond" em Língua, Literatura e Civilização Francesa. Com a colaboração de Jean-Pierre Dupuy, cria e dirige o "Program for Interdisciplinary Research", responsável pela realização de importantes colóquios internacionais.

Em 1982 publica *Le Bouc Émissaire* e, em 1985, *La Route Antique des Hommes Pervers*. Nesses livros, Girard principia a desenvolver uma abordagem hermenêutica para uma leitura dos textos bíblicos com base na teoria mimética.

Em junho de 1983, no Centre Culturel International de Cerisy-la-Salle, Jean-Pierre Dupuy e Paul Dumouchel organizam o colóquio "Violence et Vérité. Autour de René Girard". Os "Colóquios de Cerisy" representam uma referência fundamental na recente história intelectual francesa. Em 1985 recebe, da Frije Universiteit de Amsterdã, o primeiro de muitos doutorados *honoris causa*. Nos anos seguintes, recebe a mesma distinção da Universidade de Innsbruck, Áustria (1988); da Universidade de Antuérpia, Bélgica (1995); da Universidade de Pádua, Itália (2001); da Universidade de Montreal, Canadá (2004); da University College London, Inglaterra (2006); da Universidade de St Andrews, Escócia (2008).

Em 1990 é criado o Colloquium on Violence and Religion (COV&R). Trata-se de uma associação internacional de pesquisadores dedicada ao desenvolvimento e à crítica da teoria mimética, especialmente no tocante às relações entre violência e religião nos primórdios da cultura.

O Colloquium on Violence and Religion organiza colóquios anuais e publica a revista *Contagion*. Girard é o presidente honorário da instituição. Consulte-se a página: http://www.uibk.ac.at/theol/cover/.

Em 1990 visita o Brasil pela primeira vez: encontro com representantes da Teologia da Libertação, realizado em Piracicaba, São Paulo.

Em 1991 Girard publica seu primeiro livro escrito em inglês: *A Theatre of Envy: William Shakespeare* (Oxford University Press). O livro recebe o "Prix Médicis", na França.

Em 1995 aposenta-se na Universidade Stanford.
Em 1999 publica *Je Vois Satan Tomber comme l'Éclair*. Desenvolve a leitura antropológica dos textos bíblicos com os próximos dois livros: *Celui par qui le Scandale Arrive* (2001) e *Le Sacrifice* (2003).
Em 2000 visita o Brasil pela segunda vez: lançamento de *Um Longo Argumento do Princípio ao Fim. Diálogos com João Cezar de Castro Rocha e Pierpaolo Antonello*.
Em 2004 recebe o "Prix Aujourd'hui" pelo livro *Les Origines de la Culture. Entretiens avec Pierpaolo Antonello et João Cezar de Castro Rocha*.
Em 17 de março de 2005 René Girard é eleito para a Académie Française. O "Discurso de Recepção" foi feito por Michel Serres em 15 de dezembro. No mesmo ano, cria-se em Paris a Association pour les Recherches Mimétiques (ARM).
Em 2006 René Girard e Gianni Vattimo dialogam sobre cristianismo e modernidade: *Verità o Fede Debole? Dialogo su Cristianesimo e Relativismo*.
Em 2007 publica *Achever Clausewitz*, um diálogo com Benoît Chantre. Nessa ocasião, desenvolve uma abordagem apocalíptica da história.
Em outubro de 2007, em Paris, é criada a "Imitatio. Integrating the Human Sciences", (http://www.imitatio.org/), com apoio da Thiel Foundation. Seu objetivo é ampliar e promover as consequências da teoria girardiana sobre o comportamento humano e a cultura. Além disso, pretende apoiar o estudo interdisciplinar da teoria mimética. O primeiro encontro da Imitatio realiza-se em Stanford, em abril de 2008.
Em 2008 René Girard recebe a mais importante distinção da Modern Language Association (MLA): "Lifetime Achievement Award".

bibliografia de René Girard

Mensonge Romantique et Vérité Romanesque. Paris: Grasset, 1961. [*Mentira Romântica e Verdade Romanesca.* Trad. Lília Ledon da Silva. São Paulo: É Realizações, 2009.]
Proust: A Collection of Critical Essays. Englewood Cliffs: Prentice Hall, 1962.
Dostoïevski, du Double à l'Unité. Paris: Plon, 1963. [*Dostoiévski: do Duplo à Unidade.* Trad. Roberto Mallet. São Paulo: É Realizações, 2011.]
La Violence et le Sacré. Paris: Grasset, 1972.
Critique dans un Souterrain. Lausanne: L'Age d'Homme, 1976.
To Double Business Bound: Essays on Literature, Mimesis, and Anthropology. Baltimore: Johns Hopkins University Press, 1978. (Este livro será publicado na Biblioteca René Girard)
Des Choses Cachées depuis la Fondation du Monde. Pesquisas com Jean-Michel Oughourlian e Guy Lefort. Paris: Grasset, 1978.
Le Bouc Émissaire. Paris: Grasset, 1982.
La Route Antique des Hommes Pervers. Paris: Grasset, 1985.
Violent Origins: Walter Burkert, René Girard, and Jonathan Z. Smith on Ritual Killing and Cultural Formation. Org.

Robert Hamerton-Kelly. Stanford: Stanford University Press, 1988. (Este livro será publicado na Biblioteca René Girard)
A Theatre of Envy: William Shakespeare. Nova York: Oxford University Press, 1991. [*Shakespeare: Teatro da Inveja.* Trad. Pedro Sette-Câmara. São Paulo: É Realizações, 2010.]
Quand ces Choses Commenceront... Entretiens avec Michel Treguer. Paris: Arléa, 1994. [*Quando Começarem a Acontecer Essas Coisas: Diálogos com Michel Treguer.* Trad. Lílía Ledon da Silva. São Paulo: É Realizações, 2011.]
The Girard Reader. Org. James G. Williams. Nova York: Crossroad, 1996.
Je Vois Satan Tomber comme l'Éclair. Paris: Grasset, 1999.
Um Longo Argumento do Princípio ao Fim. Diálogos com João Cezar de Castro Rocha e Pierpaolo Antonello. Rio de Janeiro: Topbooks, 2000. Este livro, escrito em inglês, foi publicado, com algumas modificações, em italiano, espanhol, polonês, japonês, coreano, tcheco e francês. Na França, em 2004, recebeu o "Prix Aujourd'hui".
Celui par Qui le Scandale Arrive: Entretiens avec Maria Stella Barberi. Paris: Desclée de Brouwer, 2001. [*Aquele por Quem o Escândalo Vem.* Trad. Carlos Nougué. São Paulo: É Realizações, 2011.]
La Voix Méconnue du Réel: Une Théorie des Mythes Archaïques et Modernes. Paris: Grasset, 2002. (Este livro será publicado na Biblioteca René Girard)
Il Caso Nietzsche. La Ribellione Fallita dell'Anticristo. Com colaboração e edição de Giuseppe Fornari. Gênova: Marietti, 2002.
Le Sacrifice. Paris: Bibliothèque Nationale de France, 2003. [*O Sacrifício.* Trad. Margarita Maria Garcia Lamelo. São Paulo: É Realizações, 2011.]

Oedipus Unbound: Selected Writings on Rivalry and Desire. Org. Mark R. Anspach. Stanford: Stanford University Press, 2004.
Miti d'Origine. Massa: Transeuropa Edizioni, 2005. (Este livro será publicado na Biblioteca René Girard)
Verità o Fede Debole. Dialogo su Cristianesimo e Relativismo. Com Gianni Vattimo. Org. Pierpaolo Antonello. Massa: Transeuropa Edizioni, 2006.
Achever Clausewitz (Entretiens avec Benoît Chantre). Paris: Carnets Nord, 2007. [*Rematar Clausewitz: Além Da Guerra*. Trad. Pedro Sette-Câmara. São Paulo: É Realizações, 2011.]
Le Tragique et la Pitié: Discours de Réception de René Girard à l'Académie Française et Réponse de Michel Serres. Paris: Editions le Pommier, 2007. [*O Trágico e a Piedade*. Trad. Margarita Maria Garcia Lamelo. São Paulo: É Realizações, 2011.]
De la Violence à la Divinité. Paris: Grasset, 2007. Reunião dos principais livros de Girard publicados pela Editora Grasset, acompanhada de uma nova introdução para todos os títulos. O volume inclui *Mensonge Romantique et Vérité Romanesque, La Violence et le Sacré, Des Choses Cachées depuis la Fondation du Monde* e *Le Bouc Émissaire*.
Dieu, une Invention?. Com André Gounelle e Alain Houziaux. Paris: Editions de l'Atelier, 2007. [*Deus: uma invenção?* Trad. Margarita Maria Garcia Lamelo. São Paulo: É Realizações, 2011.]
Evolution and Conversion. Dialogues on the Origins of Culture. Com Pierpaolo Antonello e João Cezar de Castro Rocha. Londres: The Continuum, 2008. [*Evolução e Conversão*. Trad. Bluma Waddington Vilar e Pedro Sette-Câmara. São Paulo: É Realizações, 2011.]
Anorexie et Désir Mimétique. Paris: L'Herne, 2008. [*Anorexia e Desejo*

Mimético. Trad. Carlos Nougué. São Paulo: É Realizações, 2011.]
Mimesis and Theory: Essays on Literature and Criticism, 1953-2005. Org. Robert Doran. Stanford: Stanford University Press, 2008.
La Conversion de l'Art. Paris: Carnets Nord, 2008. Este livro é acompanhado por um DVD, *Le Sens de l'Histoire*, que reproduz um diálogo com Benoît Chantre. [*A Conversão da Arte*. Trad. Lília Ledon da Silva. São Paulo: É Realizações, 2011.]
Gewalt und Religion: Gespräche mit Wolfgang Palaver. Berlim: Matthes & Seitz Verlag, 2010.
Géométries du Désir. Prefácio de Mark Anspach. Paris: Ed. de L'Herne, 2011.

bibliografia selecionada sobre René Girard[1]

BANDERA, Cesáreo. *Mimesis Conflictiva: Ficción Literaria y Violencia en Cervantes y Calderón*. (Biblioteca Románica Hispánica – Estudios y Ensayos 221). Prefácio de René Girard. Madri: Editorial Gredos, 1975.
SCHWAGER, Raymund. *Brauchen Wir einen Sündenbock? Gewalt und Erläsung in den Biblischen Schriften*. Munique: Kasel, 1978.
DUPUY, Jean-Pierre e DUMOUCHEL, Paul. *L'Enfer des Choses: René Girard et la Logique de l'Économie*. Posfácio de René Girard. Paris: Le Seuil, 1979.
CHIRPAZ, François. *Enjeux de la Violence: Essais sur René Girard*. Paris: Cerf, 1980.
GANS, Eric. *The Origin of Language: A Formal Theory of Representation*. Berkeley: University of California Press, 1981.
AGLIETTA, M. e ORLÉAN, A. *La Violence de la Monnaie*. Paris: PUF, 1982.

---

[1] Agradecemos a colaboração de Pierpaolo Antonello, do St John's College (Universidade de Cambridge). Nesta bibliografia, adotamos a ordem cronológica em lugar da alfabética a fim de evidenciar a recepção crescente da obra girardiana nas últimas décadas.

OUGHOURLIAN, Jean-Michel. *Un Mime Nomme Desir: Hysterie, Transe, Possession, Adorcisme*. Paris: Éditions Grasset et Fasquelle, 1982. (Este livro será publicado na Biblioteca René Girard)

DUPUY, Jean-Pierre e DEGUY, Michel (orgs.). *René Girard et le Problème du Mal*. Paris: Grasset, 1982.

DUPUY, Jean-Pierre. *Ordres et Désordres*. Paris: Le Seuil, 1982.

FAGES, Jean-Baptiste. *Comprendre René Girard*. Toulouse: Privat, 1982.

MCKENNA, Andrew J. (org.). *René Girard and Biblical Studies (Semeia 33)*. Decatur, GA: Scholars Press, 1985.

CARRARA, Alberto. *Violenza, Sacro, Rivelazione Biblica: Il Pensiero di René Girard*. Milão: Vita e Pensiero, 1985.

DUMOUCHEL, Paul (org.). *Violence et Vérité - Actes du Colloque de Cerisy*. Paris: Grasset, 1985. Tradução para o inglês: *Violence and Truth: On the Work of René Girard*. Stanford: Stanford University Press, 1988.

ORSINI, Christine. *La Pensée de René Girard*. Paris: Retz, 1986.

To Honor René Girard. Presented on the Occasion of his Sixtieth Birthday by Colleagues, Students, Friends. Stanford French and Italian Studies 34. Saratoga, CA: Anma Libri, 1986.

LERMEN, Hans-Jürgen. *Raymund Schwagers Versuch einer Neuinterpretation der Erläsungstheologie im Anschluss an René Girard*. Mainz: Unveräffentlichte Diplomarbeit, 1987.

LASCARIS, André. *Advocaat van de Zondebok: Het Werk van René Girard en het Evangelie van Jezus*. Hilversum: Gooi & Sticht, 1987.

BEEK, Wouter van (org.). *Mimese en Geweld: Beschouwingen over het Werk van René Girard*. Kampen: Kok Agora, 1988.

HAMERTON-KELLY, Robert G. (org.). *Violent Origins: Walter Burkert, Rene Girard, and*

Jonathan Z. Smith on *Ritual Killing and Cultural Formation*. Stanford: Stanford University Press, 1988. (Este livro será publicado na Biblioteca René Girard)
GANS, Eric. *Science and Faith: The Anthropology of Revelation*. Savage, MD: Rowman & Littlefield, 1990.
ASSMANN, Hugo (org.). *René Girard com Teólogos da Libertação: Um Diálogo sobre Ídolos e Sacrifícios*. Petrópolis: Vozes, 1991. Tradução para o alemão: *Gätzenbilder und Opfer: René Girard im Gespräch mit der Befreiungstheologie*. (Beiträge zur mimetischen Theorie 2). Thaur, Münster: Druck u. Verlagshaus Thaur, LIT-Verlag, 1996. Tradução para o espanhol: *Sobre Ídolos y Sacrifícios: René Girard con Teólogos de la Liberación*. (Colección Economía-Teología). San José, Costa Rica: Editorial Departamento Ecuménico de Investigaciones, 1991.
ALISON, James. *A Theology of the Holy Trinity in the Light of the Thought of René Girard*. Oxford: Blackfriars, 1991.
RÉGIS, J. P. (org.). *Table Ronde Autour de René Girard*. (Publications des Groupes de Recherches Anglo-américaines 8). Tours: Université François Rabelais de Tours, 1991.
WILLIAMS, James G. *The Bible, Violence, and the Sacred: Liberation from the Myth of Sanctionated Violence*. Prefácio de René Girard. San Francisco: Harper, 1991.
LUNDAGER JENSEN, Hans Jürgen. *René Girard*. (Profil-Serien 1). Frederiksberg: Forlaget Anis, 1991.
HAMERTON-KELLY, Robert G. *Sacred Violence: Paul's Hermeneutic of the Cross*. Minneapolis: Augsburg Fortress, 1992. [*Violência Sagrada: Paulo e a Hermenêutica da Cruz*. Trad. Maurício G. Righi. São Paulo: É Realizações, 2012.]
MCKENNA, Andrew J. (org.). *Violence and Difference: Girard, Derrida, and Deconstruction*. Chicago: University of Illinois Press, 1992.

Livingston, Paisley. *Models of Desire: René Girard and the Psychology of Mimesis*. Baltimore: The Johns Hopkins University Press, 1992.

Lascaris, André e Weigand, Hans (orgs.). *Nabootsing: In Discussie over René Girard*. Kampen: Kok Agora, 1992.

Gans, Eric. *Originary Thinking: Elements of Generative Anthropology*. Stanford: Stanford University Press, 1993.

Hamerton-Kelly, Robert G. *The Gospel and the Sacred: Poetics of Violence in Mark*. Prefácio de René Girard. Minneapolis: Fortress Press, 1994.

Binaburo, J. A. Bakeaz (org.). *Pensando en la Violencia: Desde Walter Benjamin, Hannah Arendt, René Girard y Paul Ricoeur*. Centro de Documentación y Estudios para la Paz. Madri: Libros de la Catarata, 1994.

McCracken, David. *The Scandal of the Gospels: Jesus, Story, and Offense*. Oxford: Oxford University Press, 1994.

Wallace, Mark I. e Smith, Theophus H. *Curing Violence: Essays on René Girard*. Sonoma, CA: Polebridge Press, 1994.

Bandera, Cesáreo. *The Sacred Game: The Role of the Sacred in the Genesis of Modern Literary Fiction*. University Park: Pennsylvania State University Press, 1994. [*Teoria Mimética - Conceitos Fundamentais*. Trad. Ana Lúcia Correia da Costa. São Paulo: É Realizações, 2015.]

Alison, James. *The Joy of Being Wrong: An Essay in the Theology of Original Sin in the Light of the Mimetic Theory of René Girard*. Santiago de Chile: Instituto Pedro de Córdoba, 1994. [*O Pecado Original à Luz da Ressurreição: a Alegria de Descobrir-se Equivocado*. Trad. Maurício G. Righi. São Paulo: É Realizações, 2011.]

Lagarde, François. *René Girard ou la Christianisation des Sciences Humaines*. Nova York: Peter Lang, 1994.

TEIXEIRA, Alfredo. *A Pedra Rejeitada: O Eterno Retorno da Violência e a Singularidade da Revelação Evangélica na Obra de René Girard*. Porto: Universidade Católica Portuguesa, 1995.

BAILIE, Gil. *Violence Unveiled: Humanity at the Crossroads*. Nova York: Crossroad, 1995.

TOMELLERI, Stefano. *René Girard. La Matrice Sociale della Violenza*. Milão: F. Angeli, 1996.

GOODHART, Sandor. *Sacrificing Commentary: Reading the End of Literature*. Baltimore: Johns Hopkins University Press, 1996.

PELCKMANS, Paul e VANHEESWIJCK, Guido. *René Girard, het Labyrint van het Verlangen: Zes Opstellen*. Kampen/Kapellen: Kok Agora/Pelcckmans, 1996.

GANS, Eric. *Signs of Paradox: Irony, Resentment, and Other Mimetic Structures*. Stanford: Stanford University Press, 1997.

SANTOS, Laura Ferreira dos. *Pensar o Desejo: Freud, Girard, Deleuze*. Braga: Universidade do Minho, 1997.

GROTE, Jim e McGEENEY, John R. *Clever as Serpents: Business Ethics and Office Politics*. Minnesota: Liturgical Press, 1997. [*Espertos como Serpentes: Manual de Sobrevivência no Mercado de Trabalho*. Trad. Fábio Faria. São Paulo: É Realizações, 2011.]

FEDERSCHMIDT, Karl H.; ATKINS, Ulrike; TEMME, Klaus (orgs.). *Violence and Sacrifice: Cultural Anthropological and Theological Aspects Taken from Five Continents*. Intercultural Pastoral Care and Counseling 4. Düsseldorf: SIPCC, 1998.

SWARTLEY, William M. (org.). *Violence Renounced: René Girard, Biblical Studies and Peacemaking*. Telford: Pandora Press, 2000.

FLEMING, Chris. *René Girard: Violence and Mimesis*. Cambridge: Polity, 2000.

ALISON, James. *Faith Beyond Resentment: Fragments Catholic and Gay*. Londres: Darton, Longman & Todd, 2001. Tradução para o português: *Fé Além do Ressentimento: Fragmentos Católicos em Voz Gay*. São Paulo: É Realizações, 2010.

ANSPACH, Mark Rogin. *A Charge de Revanche: Figures Élémentaires de la Réciprocité*. Paris: Editions du Seuil, 2002. [*Anatomia da Vingança: Figuras Elementares da Reciprocidade*. Trad. Margarita Maria Garcia Lamelo. São Paulo: É Realizações, 2012.]

GOLSAN, Richard J. *René Girard and Myth*. Nova York: Routledge, 2002. [*Mito e Teoria Mimética: Introdução ao Pensamento Girardiano*. Trad. Hugo Langone. São Paulo: É Realizações, 2014.]

DUPUY, Jean-Pierre. *Pour un Catastrophisme Éclairé. Quand l'Impossible est Certain*. Paris: Editions du Seuil, 2002. [*O Tempo das Catástrofes: Quando o Impossível É uma Certeza*. Trad. Lilia Ledon da Silva. São Paulo: É Realizações, 2011.]

JOHNSEN, William A. *Violence and Modernism: Ibsen, Joyce, and Woolf*. Gainesville, FL: University Press of Florida, 2003. [*Violência e Modernismo: Ibsen, Joyce e Woolf*. Trad. Pedro Sette-Câmara. São Paulo: É Realizações, 2011.]

KIRWAN, Michael. *Discovering Girard*. Londres: Darton, Longman & Todd, 2004. [*Teoria Mimética – Conceitos Fundamentais*. Trad. Ana Lúcia Correia da Costa. São Paulo: É Realizações, 2015.]

BANDERA, Cesáreo. *Monda y Desnuda: La Humilde Historia de Don Quijote. Reflexiones sobre el Origen de la Novela Moderna*. Madri: Iberoamericana, 2005. [*Despojada e Despida: A Humilde História de Dom Quixote*. Trad. Carlos Nougué. São Paulo: É Realizações, 2011.]

VINOLO, Stéphane. *René Girard: Du Mimétisme à l'Hominisation, la Violence Différante*. Paris: L'Harmattan, 2005. [*René Girard: do Mimetismo à Hominização*. Trad. Rosane Pereira e Bruna Beffart. São Paulo: É Realizações, 2012.]

INCHAUSTI, Robert. *Subversive Orthodoxy: Outlaws, Revolutionaries, and Other Christians in Disguise*. Grand Rapids, MI: Brazos Press, 2005. (Este livro será publicado na Biblioteca René Girard)

FORNARI, Giuseppe. *Fra Dioniso e Cristo. Conoscenza e Sacrificio nel Mondo Greco e nella Civiltà Occidentale*. Gênova-Milão: Marietti, 2006. (Este livro será publicado na Biblioteca René Girard)

ANDRADE, Gabriel. *La Crítica Literaria de René Girard*. Mérida: Universidad del Zulia, 2007.

HAMERTON-KELLY, Robert G. (org.). *Politics & Apocalypse*. East Lansing, MI: Michigan State University Press, 2007. (Este livro será publicado na Biblioteca René Girard)

LANCE, Daniel. *Vous Avez Dit Elèves Difficiles? Education, Autorité et Dialogue*. Paris, L'Harmattan, 2007. (Este livro será publicado na Biblioteca René Girard)

VINOLO, Stéphane. *René Girard: Épistémologie du Sacré*. Paris: L'Harmattan, 2007. (Este livro será publicado na Biblioteca René Girard)

OUGHOURLIAN, Jean-Michel. *Genèse du Désir*. Paris: Carnets Nord, 2007. (Este livro será publicado na Biblioteca René Girard)

ALBERG, Jeremiah. *A Reinterpretation of Rousseau: A Religious System*. Nova York: Palgrave Macmillan, 2007. (Este livro será publicado na Biblioteca René Girard)

DUPUY, Jean-Pierre. *Dans l'Oeil du Cyclone – Colloque de Cerisy*. Paris: Carnets Nord, 2008. (Este livro será publicado na Biblioteca René Girard)

DUPUY, Jean-Pierre. *La Marque du Sacré*. Paris: Carnets Nord, 2008. (Este livro será publicado na Biblioteca René Girard)

ANSPACH, Mark Rogin (org.). *René Girard*. Les Cahiers de l'Herne n. 89. Paris: L'Herne, 2008. (Este livro será publicado na Biblioteca René Girard)

DEPOORTERE, Frederiek. *Christ in Postmodern Philosophy: Gianni Vattimo, Rene Girard, and Slavoj Zizek.* Londres: Continuum, 2008.

PALAVER, Wolfgang. *René Girards Mimetische Theorie. Im Kontext Kulturtheoretischer und Gesellschaftspolitischer Fragen.* 3. Auflage. Münster: LIT, 2008.

BARBERI, Maria Stella (org.). *Catastrofi Generative - Mito, Storia, Letteratura.* Massa: Transeuropa Edizioni, 2009. (Este livro será publicado na Biblioteca René Girard)

ANTONELLO, Pierpaolo e BUJATTI, Eleonora (orgs.). *La Violenza Allo Specchio. Passione e Sacrificio nel Cinema Contemporaneo.* Massa: Transeuropa Edizioni, 2009. (Este livro será publicado na Biblioteca René Girard)

RANIERI, John J. *Disturbing Revelation – Leo Strauss, Eric Voegelin, and the Bible.* Columbia, MO: University of Missouri Press, 2009. (Este livro será publicado na Biblioteca René Girard)

GOODHART, Sandor; JORGENSEN, J.; RYBA, T.; WILLIAMS, J. G. (orgs.). *For René Girard. Essays in Friendship and in Truth.* East Lansing, MI: Michigan State University Press, 2009.

ANSPACH, Mark Rogin. *Oedipe Mimétique.* Paris: Éditions de L'Herne, 2010. [*Édipo Mimético.* Trad. Ana Lúcia Costa. São Paulo: É Realizações, 2012.]

MENDOZA-ÁLVAREZ, Carlos. *El Dios Escondido de la Posmodernidad. Deseo, Memoria e Imaginación Escatológica. Ensayo de Teología Fundamental Posmoderna.* Guadalajara: ITESO, 2010. [*O Deus Escondido da Pós-Modernidade: Desejo, Memória e Imaginação Escatológica.* Trad. Carlos Nougué. São Paulo: É Realizações, 2011.]

ANDRADE, Gabriel. *René Girard: Un Retrato Intelectual.* 2010. [*René Girard: um Retrato Intelectual.* Trad. Carlos Nougué. São Paulo: É Realizações, 2011.]

índice analítico

Antropologia
    fundamental, 142
    generativa, 186, 212, 216
Apetites, 47, 55
Apocalipse
    pós-nuclear, 97
Assassinato
    coletivo, 124
    fundador, 89, 121
    ritual, 188
Autonomia, 53, 136
Autorrealização, 62
Bode expiatório, 35, 39, 63, 105, 109, 111, 125, 128, 147, 150, 208
    antropologia do, 183
    mecanismo do, 33, 87, 105, 114, 127, 133, 171, 193, 200
    tema do, 44
    teoria do, 43
    teoria girardiana do, 122
Ceticismo, 79
Comunismo, 44
Conservadorismo, 99
Contratualismo, 104

Conversão, 32-33, 47, 50, 62, 80, 90, 156, 165
Crise
    de hierarquia, 101
    mimética, 100, 103
    sacrificial, 120
Cristianismo, 33-34, 42, 44, 49, 82, 85, 129, 161
    apologia do, 161
    histórico, 171
    joanino, 142
    singularidade do, 161
    verdade do, 164
Crítica, 118
Crucificação, 152, 159
Cruz
    hermenêutica da, 174
Desejo, 35, 53, 55, 92
    caráter mimético do, 33
    caráter triangular do, 71
    estrutura triangular do, 61
    metafísico, 48, 62, 100

natureza triangular do, 52
Desejo mimético, 38-39, 47, 54, 61-62, 66, 73, 89, 93, 118, 133, 161
    e decálogo, 156
    mecânica do, 66
    mecanismo do, 103
Destruição
    criativa, 220
Dialética
    senhor/escravo, 49, 76, 78
Différance, 187
Dupla
    transferência, 89, 107, 109
Duplo, 88, 109, 119
Édipo
    complexo de, 120, 123
    mito de, 32, 118
Egoísmo, 163
Escândalo, 59
Estoicismo, 79
Estruturalismo, 184-85
Eucaristia, 154
Evidências, 28
Evolucionismo, 57

índice analítico 259

Existencialismo, 75
Fascismo, 43
Gnosticismo, 33, 43, 171, 195
Grande narrativa, 137
Holocausto, 85
Humanismo, 81
Idolatria, 47
Iluminismo, 139
Imitação, 53, 104
Indiferenciação, 88
crise de, 102
Interdisciplinaridade, 36
Inveja, 143
Liberalismo, 131
Linchamento, 104
Masoquismo, 71
Mediação
externa, 48-49, 67, 95
interna, 49, 67, 95, 100
Mentira romântica, 48, 56, 62, 64, 128, 135-36, 141
Mímesis, 35, 48, 50, 53-55, 58, 73, 92, 104
de apropriação, 48, 62, 73, 104, 208
metafísica, 158
Mimetismo, 33
Misoginia, 205
Mitos, 113, 128, 159
Modelo, 48, 52, 59, 67, 71, 121
desejo do, 61
Modernidade, 40
teoria da, 49
Narcisismo, 120
Objeto, 48, 62
Obstáculo, 58, 71

Paixão de Cristo, 17, 24, 128, 152
Paráclito
etimologia de, 155
Paradoxo, 28-29, 91, 109, 164
Parricídio, 123
Phármakon, 179
Pós-modernidade, 40
Rastelo, 133
Realismo, 99
Reciprocidade, 94
Religião
etimologia de, 28
teoria geral da, 39
universalidade da, 182
Resistência
Francesa, 43
Ressentimento, 49, 75-76, 81-85, 140
Ressurreição, 47, 51, 128, 152, 154
Revelação
bíblica, 39-40, 139
cristã, 31, 38
evangélica, 129, 136
Rival, 58, 68, 71, 121
Rivalidade, 48, 58, 92-93, 107, 114, 119
metafísica, 141
mimética, 186
Romantismo, 55
Sacrifício, 37, 114, 144
ambivalência do, 107
animal, 143
Sagrado, 87-89, 109, 111
Salvação
teoria da, 202
Segunda Guerra Mundial, 43
Skándalon, 170

Suicídio, 44
Tabu, 113, 120
do incesto, 122, 124
Teologia, 34, 43
dramática, 203
Teoria
da violência, 87
Teoria mimética, 33, 35-36, 38, 40-41, 47-48, 57, 75, 79, 84, 116, 168, 228
segunda fase da, 92
Terrorismo, 29
Textos
de perseguição, 221, 227
Tradição
judaico-cristã, 32
Tragédia
grega, 44, 119
Verdade
romanesca, 48, 128, 135-36
Vingança, 143, 148
resistência à, 129
Violência, 33, 35, 38, 79, 94, 100, 140
canalização da, 87, 106
e religião, 36
mimética, 89, 143
originária, 38
persecutória, 150
sacrificial, 112
sagrada, 173
Vítima, 87
defesa da, 148
expiatória, 89
reabilitação da, 146
sacralização da, 109, 146
teologia da, 200
Vitimização, 89
mecanismo de, 118

índice onomástico

Alison, James, 40, 213-16, 220-21, 229
Arendt, Hannah, 76
Aristóteles, 53
Assmann, Hugo, 62, 197
Auden, W. H., 112, 138
Barthes, Roland, 42, 179
Bataille, George, 76
Blake, William, 137, 139, 229
Bonaparte, Napoleão, 78
Burkert, Walter, 112, 116, 175, 188-91
Camus, Albert, 40, 75
Cervantes, Miguel de, 22, 26, 33, 49, 51-53, 63, 66, 72-73, 81, 90, 185
Derrida, Jacques, 42-43, 179, 188
Dostoiévski, Fiódor, 22, 26, 32-33, 38-39, 44-45, 47, 49, 63, 66-68, 70-73, 75, 80-81, 90, 137, 156
Dumouchel, Paul, 34, 177, 181, 194, 196

Durkheim, Émile, 112, 118
Eliade, Mircea, 112
Ésquilo, 87, 106, 108
Eurípides, 118
Faulkner, William, 44
Flaubert, Gustave, 33, 59, 61, 66, 90
Freud, Sigmund, 14, 23, 26, 38, 39, 89, 118, 120-25, 139, 142, 205-06
Golding, William, 98
Hamerton-Kelly, Robert, 117, 173-75, 183, 188, 189, 211
Hegel, Georg Wilhelm Friedrich, 14, 38, 49, 54, 76-80, 82, 93, 118, 179
Heráclito, 111
Hobbes, Thomas, 73-74, 88, 95-96, 98-100, 103
Jean-Marie Domenach, 177, 180-81, 196
Jesus Cristo, 25, 30-32, 84, 108, 117, 128-29, 136, 138-42, 149-57, 159-60, 166-68, 180, 192-93, 199-200, 202-03, 227
Joyce, James, 39
Kafka, Franz, 27, 127, 129, 131-34, 222-24
Kant, Immanuel, 139, 144
Kojève, Alexandre, 22, 49, 76-79
Kundera, Milan, 62
Lacan, Jacques, 42, 76, 121, 179
Lennon, John, 103
Lévi-Strauss, Claude, 14, 23-24, 118, 178, 184-85
Mack, Burton, 116-18, 120-21, 136, 188-89, 192
Marx, Karl, 26, 139
McKenna, Andrew, 41, 179
Merleau-Ponty, Maurice, 76
Milton, John, 138

Mozart, Wolfgang
  Amadeus, 75
Nietzsche, Friedrich,
  14, 26, 38-39, 49,
  81-86, 129, 140,
  142, 161-64, 180,
  202
Otto, Rudolf, 109
Oughourlian, Jean-
  Michel, 53-54, 56
Palaver, Wolfgang,
  41, 111, 200-01
Platão, 53, 179
Proust, Marcel, 22,
  26, 32-33, 44, 47,
  61, 66, 70, 80, 90,
  137, 156, 227
Pullman, Philip, 140
Ricoeur, Paul, 142,
  180, 222
Rousseau, Jean-
  Jacques, 14, 118
Santo Agostinho, 56
Santo Anselmo, 138
São João, 129, 227
Sartre, Jean-Paul, 75,
  80, 118
Schaffer, Peter, 75
Scheler, Max, 22, 49,
  76, 81-82, 84
Schwager, Raymund,
  26, 36-37, 41, 148-
  49, 152, 154-55,
  171, 198-204, 213,
  220
Serres, Michel, 14, 36
Shakespeare, William,
  20, 32, 38-40, 44-
  45, 48, 63-66, 69,
  75, 87, 90, 93-94,
  102-03, 107-08, 119,
  165-68, 222, 230
Shaw, George
  Bernard, 30-32, 227
Smith, Jonathan
  Z., 116, 175, 188,
  190-91
Stendhal, 33, 47, 66,
  80
Trible, Phyllis, 144
Vawter, Bruce, 144,
  146
Von Feuerbach,
  Ludwig Andreas,
  139
Wagner, Richard,
  84-85
Williams, James, 41,
  43, 85, 227

biblioteca René Girard*
coordenação João Cezar de Castro Rocha

Dostoiévski: do duplo à unidade
René Girard

Anorexia e desejo mimético
René Girard

A conversão da arte
René Girard

René Girard: um retrato intelectual
Gabriel Andrade

Rematar Clausewitz: além *Da Guerra*
René Girard e Benoît Chantre

Evolução e conversão
René Girard, Pierpaolo Antonello e João Cezar de Castro Rocha

Quando começarem a acontecer essas coisas
René Girard e Michel Treguer

O tempo das catástrofes
Jean-Pierre Dupuy

"Despojada e despida": a humilde história de Dom Quixote
Cesáreo Bandera

Violência sagrada
Robert Hamerton-Kelly

Aquele por quem o escândalo vem
René Girard

Édipo mimético
Mark R. Anspach

O Deus escondido da pós-modernidade
Carlos Mendoza-Álvarez

Deus: uma invenção?
René Girard, André Gounelle e Alain Houziaux

Espertos como serpentes
Jim Grote e John McGeeney

O pecado original à luz da ressurreição
James Alison

Violência e modernismo: Ibsen, Joyce e Woolf
William A. Johnsen

René Girard: do mimetismo à hominização
Stéphane Vinolo

O sacrifício
René Girard

O trágico e a piedade
René Girard e Michel Serres

Anatomia da vingança
Mark R. Anspach

Mito e teoria mimética
Richard J. Golsan

Além do desejo
Daniel Lance

* A Biblioteca reunirá cerca de 60 livros e os títulos acima são os primeiros publicados.

Conheça mais um título da Biblioteca René Girard

RICHARD J. GOLSAN

MITO E TEORIA MIMÉTICA

UMA INTRODUÇÃO AO PENSAMENTO GIRARDIANO

Nesta abrangente introdução à obra do filósofo René Girard, Richard Golsan estuda o mito e sua relação com uma pesquisa mais ampla sobre as origens da violência na cultura ocidental. O autor ressalta os conceitos de desejo mimético e de bode expiatório e os emprega para ilustrar de que forma a análise girardiana da violência nos mitos bíblicos, clássicos e primitivos tem influenciado trabalhos recentes em áreas como a teologia, a psicologia, os estudos literários e a antropologia.

facebook.com/erealizacoeseditora
twitter.com/erealizacoes
instagram.com/erealizacoes
youtube.com/editorae
issuu.com/editora_e
erealizacoes.com.br
atendimento@erealizacoes.com.br